인생의 품격을 끌어올리는 세 가지 힘

외모력 수업

김도은

새륜

프롤로그

어느 날 문득, 달라지기로 결심했다

"너는 키도 작고 얼굴도 그저 그런데 니가 이 바닥에서 성공할 수 있겠어?"

이 말을 들은 날, 나는 한없이 무너졌다. 그리고 더 이상 이런 말을 들으며 살지 않겠다고 결심했다.

외모 콤플렉스가 외모 강박이 되는 순간

150cm 언저리에서 성장판이 멈춰 버린, 몸은 토실토실하고 얼굴엔 여드름이 가득한 중2 소녀. 그게 바로 나였다. 한창 외모에 관심이 많던 사춘기 시절, 다른 사람은 그게 누구건 나보다 나아 보였다. '키는 나보다 작지만 얼굴이 예쁘네. 얼굴은 보통인데 몸매가 날씬하네. 피부는 까맣지만 눈이 크고 반짝이네.' 다른 사람이 가지고 있는 것과 내가 가지고 있지 않은 것을 비교하며 크고 작은 외모 콤플렉스를 느꼈다. 그러다 우연히 시도했던 다이어트로 10kg을 감량한 뒤 나를 대하는 사람들의 태도가 달라진 것을 느끼고 다이어트의 늪에 빠졌다. 하루에도

몇 번씩 체중계와 거울로 내 몸을 체크했고, 여드름을 가리기 위해 이른 화장을 시작했다. 어느새 사소했던 외모 콤플렉스는 끝을 알 수 없는 외모 강박으로 바뀌어 있었다.

약점이 강점이 되다

외모에 대한 부정적 마음이 가득했던 학창 시절은 힘들었지만, 감사하게도 나의 외모 강박은 시간이 흐르면서 오히려 강점이 되었다. 나와 타인을 비교하는 습관은 다른 누구보다 타인의 아름다움을 잘 발견할 수 있게 해 주었고, 외모 콤플렉스를 가리기 위해 연마한 뷰티스킬은 사람들을 아름답게 꾸며 줄 수 있는 도구가 되었다. 학교에서도 무슨 행사가 있을 때면 친구들뿐만 아니라 선생님들까지 꾸며 주는 단계에 이르렀다. 고등학생 시절 이과생이었던 나는 자연스럽게 공대로 진학하게 되었는데, 대학에 다니는 와중에도 나를 포함한 다른 사람들을 아름답게 만들어 주는 것에 대한 열망이 계속되어 결국 이미지 컨설팅의 세계로 입문하게 되었다.

운이 좋게도 나는 빠르게 이미지 컨설턴트가 될 수 있었다. 가족들의 만류에도 불구하고, 공학도인 대학 동기들과는 다른 길을 선택했기에 자유로운 여행이나 지인들과 만남은 포기하고 밤낮없이 일에 매진했다. 사람들 각자에게 어울리는 스타일을 찾아내어 그들을 아름답게 변화시키고, 감사하다는 말을 듣는 것은 참으로 의미 있었다. 그렇게 나의 20대를 보냈다.

그러던 어느 날, 모 회사 대표로부터 규모가 큰 강의를 얻기 위해 술 접대를 해야 한다는 말을 들었다.(물론 이런 과정 없이 능력으로 성공한 사람들이 대부분이다) 당시 술을 잘 마시지 않던 나는 그 제안을 거절했고, 듣지 말아야 할, 지금에 와서는 오히려 고마운 말을 들었다.

"김도은 강사. 니가 이래서 못 크는 거야. 너는 키도 작고 얼굴도 평범하고 집안도 그저 그런데 니가 이 바닥에서 성공할 수 있겠어? C 강사 봐봐. 걔는 외모 반반하고 집안이 빵빵하잖아. 그래서 걔는 취미로 강의해도 돼. 넌 아니잖아? 그리고 이 바닥에 승무원 출신, 아나운서 출신, 모델 출신들이 널리고 널렸어. 넌 아무것도 없는데 뭘 믿고 이렇게 뻗대는 거야?"

그 말속에는 내가 가진 모든 콤플렉스가 들어 있었고, 발가벗겨진 채로 문밖에 내쫓긴 아이처럼 부끄럽고 수치스러운 마음이 나를 뒤덮었다.

그러다 문득 이런 생각이 들었다.

'평범한 외모와 배경을 가진 내가 나만의 매력으로 성공한다면? 나 같은 사람도 멋지게 될 수 있다는 것을 보여 준다면? 그게 나의 큰 강점이 되지 않을까?'

나는 바꿀 수 없는 것에 집착하는 것이 아니라, 내가 가진 것을 최고로 만들기로 결심했다.

누구나 자신만의 아름다움을 누릴 권리가 있다

지금은 이미지 컨설팅이 대중화되어 있지만, 내가 이미지 컨설턴트로 처음 나섰던 당시만 해도 이미지 컨설팅은 연예인이나 방송인 같은 특수한 직업이나 면접을 앞둔 사람들이 주로 접하던 분야였다. 그러다 보니 평범하게 일상을 살아가는, 크고 작은 외모 콤플렉스를 가진 보통 사람들이 접하기엔 접근성이 부족했다. 그리고 그걸 쉽게 알려 주는 책도 사람도 없었다. 패션 관련 책은 온갖 어려운 외래어로 정신을 혼미하게 만들었으며, 유명하다는 이미지 컨설턴트들도 본연의 매력을 찾아 주는 것보다는 '포장'하는 법을 알려 주기에 바빴다. 이미지 컨설턴트라는 직업을 가진 나조차도 종종 외모를 지적받기도 하고 자신의 매력을 발견하는 방법을 찾는 게 쉽지 않은데, 보통 사람들은 얼마나 더 어려울까. 그 속에서 나는 나와 같은 평범한 사람들의 삶을 업그레이드시키기 위한 이미지 컨설팅 프로그램을 만들겠노라 다짐했다.

그렇게 보통 사람도 자신만의 매력을 드러낼 수 있는 방법을 찾아 이미지 메이킹, 퍼스널 컬러, 메이크업, 체형학, 피부관리, 심리학에 이르기까지 다방면으로 공부하며 성장한 끝에 이 분야의 인기 강사로 자리매김할 수 있었다. 이 과정 속에서 나는 자신만이 가진 외모의 힘을 다루는 법을 체득했고, 그 방법을 외모로 인해 고통받는 사람들에게 알려 주는 것이 나의 사명이라는 것을 알게 되었다.

외모 때문에 힘든 당신에게

17년간 이미지 컨설턴트로서 외모 때문에 힘들어하는 사람들을 만나고 또 컨설팅을 하며 많은 궁금증이 들었다. '나를 포함한 우리는 왜 이토록 외모 때문에 힘들어할까? 이 끝나지 않을 것 같은 외모 강박과 콤플렉스는 어떻게 해소할 수 있을까? 어떻게 하면 좀 더 아름다워 보이고, 우아하게 살며, 어디서나 대접받을 수 있을까?' 이에 대한 궁극적인 해결방법을 알고 싶었다.

이미지 컨설팅을 하면서 발견한 중요한 사실이 있다. 사람들마다 컨설팅 이후 유지 기간이 다르다는 것이다. 이미지 컨설팅을 받고 나서 한참이 지나도 좋은 스타일을 유지하는 사람이 있고, 반면에 얼마 못 가 원래 상태로 돌아가는 사람이 있다. 두 그룹 간에는 무슨 차이점이 있는 것일까. 나는 그들을 대상으로 심층상담을 진행했고, 그 차이는 내면에서 온다는 것을 알게 되었다.

내면의 문제가 외면에도 영향을 끼친다는 것을 깨달은 후, 단순히 외면뿐만 아니라 내면과 외면의 조화로운 성장을 위한 강의와 컨설팅을 진행했다. 그 과정을 통해 수많은 사람들이 치유되었고 자신만의 매력을 찾아 성장했으며, 그들을 통해 나 역시 치유받고 성장했다. 그래서 사랑과 감사의 마음을 담아, 외모 때문에 힘든 사람들을 위한 책을 쓰기로 결심했다.

외면보다는 내면이 중요하다는 자기위로와 자기치유의 글이 성행하는 시대에 외모에 관한 이야기를 쓰는 것에는 적지 않은 용기가 필요했다. 그럼에도 불구하고 외모 때문에 힘들어서 나를 찾아오는 많은 사람들을 보면, 우리 삶에서 외모라는 것은 결코 소홀히 할 수 없는 부분임이 확실하기에 나는 나의 경험과 지식을 나누기로 한 것이다.

외모에 대한 패러다임을 바꿔라

지금까지 당신은 왜 그런 옷을 입고 다니고 왜 그런 머리 스타일을 하고 다니며, 그것들이 당신의 삶에 어떤 영향을 미치고 있는지 생각해 본 적이 없을 것이다. 만약 생각을 했다 하더라도 아주 작은 부분이라고 여겼을 것이다. 그러나 당신의 이미지는 이미 삶에 많은 영향을 끼치고 있고, 그것은 당신의 내면을 반영하고 있다는 사실을 알아야 한다. 나는 이 책에서 이런 개념을 '외모력'이라는 단어로 정의했다.

'외모력'이란 외면의 힘과 내면의 힘이 밖으로 드러나는 상태를 말한다. 외모가 가진 힘이라고 하면 표면에 드러나는 외적인 요소만을 생각하겠지만, 결국 사람의 분위기라는 것은 자신만의 내적인 특성이 겉으로도 드러나서 다른 사람들도 느낄 수 있을 때 만들어진다. 그것이 바로 당신만이 가진 외모의 힘, 고유한 매력이다.

"강사님. 저처럼 못생긴 사람도 외모력이라는 게 있을까요?"
당신이 만약 이렇게 질문한다면 단언컨대, 자신만의 매력이 없는 사람은 없다. 아직까지 외모력을 발견하지 못했을 뿐이다. 이 책의 비법들을 적용하면 당신의 숨겨진 매력을 찾을 수 있을 것이다. 그러니 자신을 믿어라.

 나는 당신에게 다른 사람이 되라고 말하는 게 아니다. 나는 당신이 갖고 있지 않은 것을 줄 수는 없다. 다만 진심으로 자신이 아름답고 괜찮은 사람이라고 여길 수 있게 되기를, 그리고 언제 어디서나 그러한 대접을 받을 수 있기를 바랄 뿐이다. 미켈란젤로는 말했다. "나는 조각상이 이미 대리석 안에 있다고 생각한다. 그리고 필요 없는 부분을 깎아 내며 원래 존재하던 것을 꺼내 주었을 뿐이다."라고.
 대부분의 이미지 컨설팅은 당신에게 무언가를 덧붙이려 할 것이다. 그러나 나는 당신만의 다비드상을 꺼내는 것에 집중할 것이다. 또한, 당신이 가진 내면과 외면의 힘을 누구나 느낄 수 있도록 도울 것이다.

 이제부터 나는 수없이 변하고 싶었지만, 그 방법을 몰라서 변하지 못한 당신을 위해, 내면과 외면이 조화를 이룬 진정한 아름다움을 찾아가는 방법을 상세하게 알려 줄 것이다. 외모 때문에 상처 입고 너덜너덜해진 당신이라면, 나의 손을 잡고 자신만의 진정한 외모력을 발견하는 여행을 떠나자.

차례

프롤로그   어느 날 문득, 달라지기로 결심했다 02

1장   외모에 관한 오만과 편견, 그리고 사실

성공한 사람들만의 치트키 '외모력' 14 있는 그대로의 나를 사랑하라고? 19 언제 어디서나 대접받는 사람들의 비밀 27 당신에게 외모력이 필요한 이유 31

2장   외모 트라우마: 그 고통의 시발점

외모 트라우마의 시작 40 누가 우리의 외모력을 빼앗는가? 46 외모력을 잃은 당신에게 53

3장   내면의 외모 비판자: 나는 어떤 말과 행동을 반복하는가

나는 나에게 어떤 말을 하는가? 64 당신의 몸은 안녕하십니까? 71 당신의 옷장이 들려주는 이야기 77 한 사람의 외모력은 잘 관리된 콤플렉스에서 비롯된다 88

4장   외모력 이렇게 찾아라 1: 내면 리디자인

나 자신을 이해하는 것부터 시작하라 96 자화상에 숨겨진 비밀 99 당신은 당신이 생각하는 것보다 더 아름답다 104 언제나 자신을 긍정할 것 108 지금 당장 꼬리표를 떼라 113

5장 　외모력 이렇게 찾아라 2: 외면 리디자인

첫인상은 외모가 전부다 122 　패션의 완성은? 얼굴을 관리하라 125 　나만의 색을 찾아라 135 　나만의 신체강점을 찾아라 142 　가장 본능적인 감각, 향기를 활용하라 148

6장 　외모력, 태도가 전부다

태도가 전부다 158 　환상 속의 나로 살아가라: 럭키걸 신드롬 163 　겸손의 미덕은 내려놓고 기억나는 사람이 되어라 168 　외모력도 조기교육이 필요하다 174 　다름을 가진 자녀가 있다면: 어린이 외모력 수업 176

7장 　외모력이 필요한 순간

이제는 SNS 인상이다 182 　반드시 합격하는 면접의 비밀 189 　호감 가는 말하기도 외모력이다 198 　프레젠테이션에서는 헛소리가 아니라 잘난 척을 해라 203 　자신의 타이틀에 책임을 져라 210

에필로그 　최상의 외모력을 유지하는 방법 216

1장

외모에 관한 오만과 편견,
그리고 사실

성공한 사람들만의 치트키 '외모력'

 우리는 왜 외모를 꾸미고 가꾸는 걸까. 세상에 자신 외에는 아무도 존재하지 않는다 해도 과연 외모에 관심을 가질까?

 독일의 유명 컨설턴트인 도리스 메르틴은 저서인《아비투스》에서 이렇게 말했다. "우리는 몸을 단지 껍데기로 취급하지 않는다. 오늘날 우리가 꾸미고 연출하는 이유는 우리 안에 들어 있는 것을 세상에 알리기 위해서다." 그렇다. 당신은 세상에 당신이 가진 것(외모력)을 알려야 한다. 그리고 당신만의 매력을 활용하여 외모로 고통받는 삶의 굴레를 벗어나야 한다.

 이 책은 외모 따윈 중요하지 않다고 생각하는 사람들

을 위한 책이 아니다. 나는 외모가 자신의 삶의 발목을 잡고 있다고 생각하는 사람들을 위해 이 책을 썼다. 그러니 이 책을 단숨에 읽어 나갈 생각보다는 당신이 살아가고 싶은 삶을 위해 이 책을 어떻게 활용하면 좋을지 생각하면 좋겠다.

CEO들의 조찬모임에 빠지지 않는 수업, 이미지 메이킹

17년간 일을 하면서 수많은 성공한 사람들과 부자들을 만났다. 내가 만난 그들은 하나같이 외모의 중요성을 강조했으며, 사회적으로 성공할수록 자신의 외모를 관리하는 것에 돈과 시간을 아끼지 않았다. 그 이유는 무엇일까.

"CEO의 하루는 새벽에 시작된다."라는 이야기를 들어본 적 있을 것이다. 사회적으로 저명한 경제경영인들은 시간의 가치를 가장 높게 산다. 그래서 식사 시간까지도 자기계발의 시간으로 쓰는 경우가 많다. 일례로 아침 식사를 하면서 강의를 듣는 조찬모임이 있다. 그런 CEO들의 조찬모임에 꼭 빠지지 않는 강의가 있는데, 바로 이미지 메이킹이다. 바쁜 와중에도 외모를 가꾸는 것을 소홀히 하지 않는다는 뜻이다. 이들은 누구보다 사람을 많이 만나며 그 사람들에게 특정한 이미지를 보여 줘야 하는 사람들이다. 그들은 하나같이 사회생활과 인간관계에서 보여지는 외모의 중요성을 뼈저리게 느꼈기 때문에 이미지 관리를 중요하게 여긴다. CEO뿐만 아니라 각계각층에서 성공한 사람들에게는 하나의 공통점이 있었는데 바로 자신의 '외모력'을 잘 활용한다는 것이다. 그들은 일을 열정적으로 하는 것처럼 외모 관리도 열정적으로 한다. 또한 사람들이 얼마나 보이는 것에 좌우지되는지, 외모를 잘 활용하여 자신의 내면의 힘을 잘 드러내는 것이 얼마나 큰 무기인지 알고 있었다. 내가 만난 성공한 사람들의 치트키는 바로 '외모력'이었다.

외모력이란 무엇인가

나는 외모력의 요소를 크게 세 가지로 정의한다. 내면과 외면, 그리고 태도다. 이 중에서 가장 토대가 되는 것이 바로 내면이다. 내면이 잘 정립되어 있지 않으면 외면과 태도를 갖춘다 하더라도 알 수 없는 불안정함이 느껴지기 마련이다.

오랜 기간 이미지 컨설팅을 진행하면서 알게 된 사실이 있다. 내면과 외면 그리고 태도는 연결되어 있다는 것이다. 그래서 어느 하나 빠트릴 수가 없다.

외모력을 잘 활용하는 사람들의 공통점은 건강한 내면 이미지를 갖고 외면을 잘 연출하며 그에 걸맞은 태도로 표현한다는 것이다. 이 세 가지 요소를 모두 포함해야 다른 사람도 느낄 수 있는 진정한 외모력이 완성된다. 그러나 우리는 내부세계와 외부세계의 여러 가지 영향으로 인해 외모력을 상실한 경우가 많다. 세 가지 요소가 모두 흔들리는 경우도 있고, 한 가지 요소만 충족하면 외모력이 채워지는 경우도 있다. 나는 당신이 이 책을 활용해 스스로에게 필요한 부분을 찾아 적용하여 당신만의 고유한 외모력을 찾았으면 한다.

나는 당신에게 단순히 외모를 꾸미는 방법만을 알려 주려는 게 아니다. 이 책에는 내면의 힘을 깨닫고, 외면을 통해 그것을 세상에 효과적으로 표현하며, 올바른 태도로 삶을 살아가는 방법을 담았다. 외모력은 누구에게나 주어진 능력이며, 그것을 활용하는 방법은 각자의 선택에 달려 있다. 나는 당신이 외모력이라는 강력한 도구를 통해 자신의 삶을 재창조하고, 더 당당하고 행복하게 살아가길 바란다. 외모력은 삶을 가꾸는 기술이다. 이제, 당신만의 외모력을 찾아 그 가능성을 열어 보자.

있는 그대로의 나를 사랑하라고?

어느 날, 오래전에 나의 이미지 컨설팅 수업을 들었던 수강생 자경 씨에게서 연락이 왔다. 그녀는 여러 개의 직업을 가졌으며, 일하는 모든 분야에서 두각을 드러내고 있는 프로N잡러인 30대 초반 여성이다. 자경 씨는 나에게 다짜고짜 '제가 여성적인 매력이 없어서 차인 것 같아요. 남자친구가 사귀는 내내 옷 좀 신경 써 달라고 했는데 수수하게만 하고 다녀서….'라는 메시지를 남겼다.

다음은 그녀와 나의 대화 내용이다.

나　　　자경 님이 생각하는 수수함이란 어떤 건가요?
자경 씨　글쎄요. 편하고 자연스러운 모습 아닐까요?

나	그렇다면 편하고 자연스러운 모습이란 어떤 모습을 말하는 건가요?
자경 씨	말 그대로죠. 있는 그대로요. 제가 트레이닝복을 입든 원피스를 입든 예쁘다고 해 주는 거요!
나	남자친구가 언제나 예쁘다고 해 주지는 않았나요?
자경 씨	아니요. 항상 예쁘다고 했죠. 가끔가다 '바지도 이쁘지만 치마도 좀 입어 줘라~' 같은 말을 하긴 했어요.
나	그래서 자경 씨는 뭐라고 했나요?
자경 씨	여자친구의 옷차림을 간섭하는 건 매너 있는 남자가 하는 행동이 아니라고 딱 잘라 얘기했죠. 친구들이 그러는데 옷차림을 지적하는 게 갑질의 시작이래요. 저는 그런 대접을 받기 싫어서 초장부터 기를 잡았죠.
나	그렇군요. 자경 씨가 왜 이별 통보를 받게 되었는지 어렴풋이 알겠네요. 적어도 자경 씨가 수수해서만은 아닐 겁니다.

둘의 첫 만남은 소개팅을 통해서였다. 단정한 정장 치마를 입은 자경 씨 모습은 남자친구의 마음을 단번에 사로잡았다. 두 사람은 뜨거운 연애를 시작했고 시간이 흐르며 정장 치마를 입은 그날의 그녀 모습은 어디서도 찾아볼 수 없었다. 자경 씨는 외모 관리에 시간과 돈을 쓰는 게 아까웠다. 자신을 너무 사랑해 주는 남자친구도 있고 직업 특성상 사람 만날 일도 많지 않은데 굳이 외모에 신경 쓸 필요가 있을까, 라고 생각했다. 정확히 말하자면 외모보다는 옷차림이라고 표현하는 게 맞겠다.

자칭 수수하고 타칭 외모 관리에 관심이 없는 자경 씨와 같은 여자친구를 둔 남성들의 고민도 결코 적지 않다. 처음엔 단아하고 깔끔한 모습에 반해서 여자친구와 연애를 하게 되었는데, 점점 초라해지는 그녀의 외모를 보며 애정이 줄어드는 것이다.(여기서 말하는 외모에는 '노화'에 따른 변화는 포함되지 않는다)

이렇게 이야기하면 겉모습만 따진다며 속물이라고 그를 욕하는 사람도 있을 것이다. 이런 고민을 인고 친구들을 만나 상담하면 "여자 얼굴 보는 거 아니야. 걔만큼 괜찮은 여자 잘 없어. 얼굴 따지다가 큰코다쳐. 아직 철이 덜 들었네."라며 면박을 받을 게 뻔하고, 그래서 어디다 말도 못 하고 끙끙대다가 말도 안 되는 이유를 대며 이별을 고하게 되는 것이다.

일을 할 때나 데이트를 할 때나 친구를 만날 때나 한결같이 무릎이 늘어난 트레이닝복에 언제 감았는지 모를 떡진 머리를 끌어 올려 상투머리를 한 그녀의 모습을 볼 때 그는 무슨 생각이 들었을까.

그가 전적으로 자경 씨의 외모만 보고 사귄 것은 아니겠지만 시간이 갈수록 점점 외모에 신경 쓰지 않는 그녀의 모습을 보면서 그의 마음은 식어 갔을 것이다. 그래서 외모에 신경 좀 써 달라고 부탁도 했다. 그런데 그녀가 이렇게 말하는 것이다.

"내 외모가 그렇게 중요해? 얼굴 보고 만난 거야? 있는 그대로의 나를 사랑해 줄 수는 없어?"

그 말을 들은 남자는 더 이상 할 말을 잃게 되고, '진짜 내가 속물인가? 얼굴만 보는 얄팍한 사람인가?' 하며 죄책감에 시달렸을 것이다. 하지만 슬픈 사실은, 죄책감만으로는 누군가의 마음을 붙잡아 둘 수 없다는 것이다.

결국 그는 "내가 부족한 사람인가 봐. 나는 너를 감당할 수 없는 사람인 것 같아."라는 애매한 말만 남기고 떠났다.

문제는 지금부터다. 이별 후 나간 친구 모임에서 '외모만 따지는 건 좋은 남자가 아니야. 그 사람은 너에게 맞는 남자가 아닌 거야'라는 친구들의 위로에 마음의 위안을 얻고, '그래. 있는 그대로의 나를 사랑해 줄 사람이 반드시 있을 거야. 인연이 아니었던 거야'라며 이별 통보의 근본적인 이유를 모른 채 자기위안을 시작하는 것이다.

'수수하다'라는 말의 함정

나에게 컨설팅을 의뢰하는 사람의 상당수는 여자다. 그런데 자신이 아니라 남자친구의 컨설팅을 문의하는 경우가 꽤 많다. 왜 그럴까?

'제 남자친구를 더 멋있게 만들어 주세요'라면 다행이지만 실은 외모를 방치하는 남자친구 때문에 속상해서인 경우가 대부분이다. 최근에 진행한 기업 강의에서 만난 현지 씨의 남자친구도 그러했다. 그러나 아쉽게도 본인이 원하지 않는데 내가 그를 바꿔 줄 수는 없는 노릇이었다.

그녀는 나에게 나날이 행색이 비루해지는 남자친구를 두고 보기 힘든 지경에 이르렀다고 했다.

참다못한 현지 씨가 남자친구에게 '멋진 얼굴 그렇게 쓰려면 나나 줘'라는 농담과 함께 옷 좀 신경 쓰라고 말하면 남자친구는 왜 이렇게 내 외모에 간섭하냐, 내가 맘에 안 드냐, 있는 그대로의 나를 좋아해 줄 수는 없냐, 라는 말을 한다고 했다. 있는 그대로라는 말이 이렇게나 무서울 줄이야.

주변을 돌아보면 수수한 아름다움이 느껴지는 사람이 있을 것이다. 그런데 수수한 느낌을 주는 그 사람이 과연 아무것도 하지 않고 있는 그대로 돌아다니는 것일까? 아마도 그녀는 피부를 건조하지 않게 관리하고, 눈썹은 가지런하게 정돈했으며, 옷은 단정하게 보이도록 연출했을 것이다. 내가 누군가에게 좋아 보이고 싶다면, 그 정도 노력은 해야 한다. 자연스러운 아름다움이라는 말속에는 '기본적인 매너로서의 외모 관리'가 포함되어 있는 것이다.

자경 씨의 남자친구는 그녀가 예쁘지 않아서 떠난 것이 아니다. 오히려 그는 그녀를 아름답다고 느꼈을 것이다. 그러니까 그녀의 남자친구가 되기로 선택한 것이 아닌가. 현지 씨도 마찬가지다. 그녀는 남자친구의 얼굴과 몸매가 너무 멋지다고 했다. 그런데 남자친구가 처음과는 너무 달라졌다는 사실이, 왠지 모르게 아쉽고 실망스러운 것이다.

'나를 있는 그대로 사랑해 줄 사람은 없을까? 그래. 어딘가에 분명히 나를 내 모습 자체로 사랑해 주는 사람이 있을 거야. 나는 계속 나 자신으로 살 거야.'

이런 생각을 하며 오늘도 자기 자신을 위로하는 글과 영상을 찾아보는 당신이라면, 지금 당장 환상에서 깨어나라. 진정으로 변화를 원한다면, 당신이 정의하는 '있는 그대로'라는 말의 의미를 재정비하라. '있는 그대로 사랑한다'라는 것은 방치되고 흐트러진 외모를 사랑해 주는 것이 아니다. 당신의 파트너에게 '있는 그대로'의 의미는, 처음 만났을 때의 당신의 모습까지는 아니어도 어느 정도는 예의를 갖춘 당신의 모습이지, 지금의 초라한 모습을 말하는 것이 아니다. 귀차니즘을 수수하다는 말로 포장한 것은 아닌지, 생각해 보길 바란다.

언제 어디서나 대접받는 사람들의 비밀

주변을 둘러보면 같은 상황인데 항상 좋은 대접을 받는 사람이 있는가 하면, 항상 푸대접을 받는 사람이 있다. 그 둘의 차이는 어디서 오는 것일까? 일을 하면서 각계각층의 다양한 사람을 만날 기회가 많았다. 그중에서도 언제 어디서나 품격이 느껴지는 사람들이 있었는데 그들에게는 세 가지 공통점이 있었다.

첫째, 다른 사람들의 말에 흔들리지 않는 자신만의 신념이 있었다.

둘째, 말끔한 용모와 복장을 갖췄다.

셋째, 상황에 맞는 태도로 사람들을 대했다.

그들은 외모력의 3요소를 모두 갖추고 그것을 잘 활용하는 사람들이었던 것이다.

어떻게 원하는 대접을 받을 것인가

세계적인 디자이너 코코 샤넬이 남긴 말 중 "용모와 복장이 잘 갖추어진 사람을 만나면 그 사람의 내면을 보려고 하지만, 용모와 복장이 잘 갖추어지지 않은 사람을 만나면 자꾸만 그 사람의 외면만 보려고 한다."라는 말이 있다. 내가 강의 때마다 꼭 강조하는 말이기도 하다. 한마디로 용모와 복장이 제대로 갖춰진 사람은 어딜 가도 대접받고, 용모와 복장이 갖춰지지 않은 사람은 어딜 가도 지적받는다는 것이다. 이 얘길하면 누군가는 이렇게 말하기도 한다.

"그런데요 선생님. 용모 복장이 그렇게 중요한가요? 왜 사람을 겉모습만 보고 판단하나요?"

진화심리학자들에 따르면, 인간은 처음 만난 타인에게서 신뢰성 여부를 감지하는 것을 생존의 필수요소로 여긴다고 한다. 그래서 처음 본 사람의 외모를 통해 신뢰성을 판단한다. 기존에 갖고 있던 정보를 바탕으로 그 사람이 믿을 수 있는 사람인지 아닌지를 판단하며, 용모와 복장으로 그 사람이 어떤 사람인지를 유추한다는 뜻이다. 예를 들어 군복을 입고 지나가는 사람은 군인이라고 생각할 것이고, 경찰복을 입고 있으면 경찰이라고 생각하지 않겠는가? 외면은 사람에 대한 다양한 정보를 제공한다. 그리고 그 정보에 따라 사람들은 당신을 어떻게 대해야 할지 결정할 것이다.

당신이 원하는 대접을 받고 싶다면, 어떤 요소를 갖춰야 할까?

보이는 대로 대접받는다

'외모와 능력의 상관관계'를 연구한 사례가 있다. 학생들은 실제로 두 교수의 수업을 듣지 않고 교수들의 용모 복장만으로 누가 진짜 전문가인지를 구분하는 실험이었다. 그 실험에서는 실제 강의 내용이나 소리는 제외되고 외모와 보디랭귀지만 볼 수 있었다. A 교수는 허름한 차림에 무표정으로 수업을 진행했고, B 교수는 말끔한 정장 차림에 어깨를 펴고 활짝 웃는 모습으로 강의를 진행했다. 이 영상을 본 대부분의 학생들은 B 교수를 전문가로 지목했다. 그러나 B 교수가 아닌 A 교수가 그 분야의 전문가였다.

학생들은 겉모습만 보고 교수들의 능력을 파악했다. 옷차림만으로도 한 사람의 품격이 달라진다는 뜻이다.

왜 우리는 외모에 신경 써야 할까. 그것은 우리가 이 사회에서 인정받고 살아가고 싶어 하기 때문이며, 한 사람의 용모와 복장은 그 사람의 지위, 능력, 심지어 성품까지 짐작하도록 만들기 때문이다. 그래서 우리는 보여지는 부분에 대한 관리를 소홀히 해서는 안 된다.

자신이 살고 싶은 미래가 있다면 그에 맞는 마음가짐과 외면, 그리고 태도를 갖춰야 그것을 이룰 수 있다. 하지만 어떻게 해야 할지 갈피를 못 잡고 헤매고 있었다면 이 책이 도움이 될 것이다. 나는 외모 때문에 막막하고 힘든 당신을 위해 당신이 언제 어디서든 대접받는 사람으로 살아가길 바라는 마음에서 글을 쓰는 것이기 때문이다. 이제부터 나와 함께 당신의 숨겨진 외모력을 찾기 위한 여정을 시작해 보자.

당신에게 외모력이 필요한 이유

아래는 나에게 찾아오는 사람들의 유형을 간략하게 추린 것이다. 당신이 이에 해당하거나 유사한 일을 겪고 있다면 당신에게는 외모력이 꼭 필요하다.

- 아직도 10년 전 스타일을 고수하는 향숙 씨
    → "촌스럽다는 말 좀 그만 듣고 싶어요."
- 외모 지적하는 남자친구 때문에 속상한 유진 씨
    → "남자가 볼 때 예쁜 여자가 되고 싶어요."
- 몹쓸 스타일링으로 소개팅 연속 실패 중인 민수 씨
    → "저도 옷 좀 잘 입고 싶어요."
- 면접 때 단정하지 못하다며 지적당한 지원 씨

→ "좋은 인상으로 면접에 합격하고 싶어요."
- 핑크 원피스 입었다가 집에 우환 있냐는 소리 들은 민경 씨
    → "저랑 어울리는 색을 알고 싶어요."
- 귀차니즘 탓에 자신을 자연인 상태로 방치한 영희 씨
    → "이제는 세련된 도시 여자가 되고 싶어요."
- 창피하다며 아이에게 유치원 오지 말란 소리 들은 미선 씨
    → "자신 있는 엄마가 되고 싶어요."
- 매년 홀로 승진 누락되는 만년 과장 영업사원 성민 씨
    → "고객에게 호감을 주는 영업왕이 되고 싶어요."
- 이직하면서 이미지 변신이 필요해진 유환 씨
    → "새로운 직업에 맞는 이미지를 연출하고 싶어요."

이들을 보면서 무슨 생각이 드는가? '아 나도 저 중 하나인데'라고 생각이 드는가? 아니면 똑같지는 않더라도 공감 가는 부분이 있는가? 지긋지긋한 외모 콤플렉스에서 벗어나고 싶은가? 왜 이렇게 일이 풀리지 않는지 한숨만 나오는가? 당신에게 일어나는 일들이 외모 때문에 생기는 문제라는 것이 확실하다면, 당신은 반드시 외모력을 키워

야 한다.

우리는 외모력을 갖고 태어난다

"선생님. 외모력이란 게 그렇게 중요한 것이라면, 어떻게 가질 수 있나요?"

수강생이 이런 질문을 할 때면 나는 이렇게 답한다.

"당신은 이미 외모력을 갖고 있습니다. 단지 가려져 있을 뿐이죠."

외모 때문에 힘든 시기를 겪은 당신이라면 얼른 외모력을 갖고 싶으리라 생각된다. 그러나 외모력은 이미 당신 안에 있고, 다른 곳을 기웃거려도 찾을 수 없다. 개인의 외모력은 오직 자기 자신에게서만 찾을 수 있기 때문이다.

"외모력이 내 안에 있다고요? 지금은 전혀 찾을 수가 없는데요? 저는 외모 때문에 하루하루가 절망스러워요. 외모력을 갖고 있다니 말도 안 되는 소리예요."라고 말하는 당신이라면 아기일 적 자신의 모습을 상상해 보길 권한다.

갓 태어난 아이들은 스스럼없이 눈 맞춤을 잘한다. 왜 그럴까? 타인의 평가나 사회적 시선을 두려워하지 않기 때문이다. 다른 사람에게 자신이 어떻게 보일지 신경 쓰지 않기에, 타인의 시선을 피하지 않는다.

나는 외모력을 이렇게 표현하고 싶다. 외모력의 기본은 자신이 가진 내면의 힘과 외면의 힘을 '의심하지 않는 것'이라고. 자신이 가진 외모의 힘을 의심하지 않는 사람은 그 자신감이 밖으로 드러나는데 그게 바로 그 사람만의 '아우라'다. 우리가 갓 태어났을 때, 우리는 자기 자신의 아름다움을 의심하지 않았을 것이다. 그리고 자신의 존재 가치를 의심하지도 않았을 것이다. 기분이 좋으면 웃었고, 불편한 것이 있으면 울며 자신의 마음에 충실했을 것이다. 아기로 태어났을 때 우리에겐 이미 외모력이 있었다. 그러나 여러 가지 이유로 외모력을 잃게 되면서 외모로 인한 힘듦이 시작된 것이다. 나는 그런 사람들이 스스로 외모력을 회복하도록 돕고 싶다는 간절한 마음으로 이 일을 하고 있다.

변하고 싶다면 반드시 해야 하는 것

세계적으로 유명한 성공학의 대가 나폴레온 힐은 이렇게 말했다.

"욕망이 있다면 이룰 수 있는 능력도 있는 것이다. 능력은 욕망과 함께 오기 때문이다."

물론 외모라는 것이 사람마다 타고난 부분이 있는 것인지라 모든 변화가 가능하다고 할 수는 없지만, 당신이 가진 최상의 모습을 끌어낼 수는 있다. 당신에게 좀 더 나아지고자 하는 욕망이 있다면 그럴 수 있는 능력도 있다는 걸 믿어 보자. 당신이 이 책을 읽고 있는 것이 하나의 증거다. 자기 스스로 원하는 모습이 있고 그것을 향한 발걸음을 내딛는 사람만이 변할 수 있기 때문이다.

내가 이미지 컨설팅을 할 때 고객에게 꼭 말하는 부분이 있다. "컨설팅 시 가족을 포함한 다른 사람을 신경 쓰지 말고 오직 자신에게 집중하세요."라고 말이다.

그 이유는 주변 사람들은 당신의 현재 모습에 익숙하기 때문이다. 타인이 만들어 놓은 당신의 이미지라는 프레임에 들어가지 않길 바란다. 최고의 상태인 당신을 꿈꿔라. 누차 말했지만, 당신 안에 있는 다비드상을 꺼내야 한다. 당신만의 다이아몬드를 캐내야 한다. 그것이 당신과 내가 해야 하는 작업이다. 다이아몬드는 오직 다이아몬드로만 세공할 수 있다. 당신의 외모력도 마찬가지다. 겉으로 보이는 부분을 관리하는 스킬은 내가 도와줄 수 있지만, 안에서부터 흘러나오는 당신만의 광채는 내가 만들어 줄 수 없다. 나는 당신이 그것을 끌어낼 수 있도록 도울 뿐이다. 반드시 감춰진 나의 외모력을 세상에 드러내겠다고 다짐하라. 그 누구보다 나 자신으로서 빛나기를 다짐하라.

영화 〈브루스 올마이티〉에는 이런 명대사가 있다. "사람들은 기적의 능력을 갖고서도 그걸 잊고 나한테 소원을 빌어. 기적을 보고 싶나? 자네 스스로 기적을 만들어 봐." 이처럼 기적을 일으킬 힘은 당신 안에 있다는 사실을 늘 기억하라.

2장

외모 트라우마:
그 고통의 시발점

외모 트라우마의 시작

외모 트라우마란 외모에 관한 개인의 부정적 경험을 말한다. 사람은 물건이 아님에도 불구하고, 본인이 원하든 원하지 않든 겉모습으로 평가받는다. 그 과정에서 경우에 따라 외모 트라우마가 생기기도 하는데, 그 출발시점은 사람에 따라 다르지만 갓 태어나자마자 시작되기도 한다.

못생겨서 미안합니다

"어머 이게 뭐야. 애가 너무 못생겼어. 저리 치워."

민희 씨의 어머니가 갓 태어난 그녀를 보고 한 말이다. 민희 씨의 어머니는 동네에서 소문난 미녀로 어릴 때부터 좋다는 남자들이 줄을 섰다고 한다. 그래서 내 아이는 특히

딸이라면 당연히 예쁘리라 생각했던 것이다. 그런데 웬걸. 갓 태어난 아이는 조산한 탓에 너무나도 작고 털이 북슬북슬한, 그리고 누구를 닮았는지 모를 검은 피부를 갖고 있었다. 마치 진흙탕에 빠진 원숭이처럼 보였다. 그 끔찍한 모습에 차마 안아 줄 용기조차 나지 않았다. 그런데 더 충격적인 건, 이 모든 말을 그녀의 어머니가 민희 씨에게 직접 했다는 점이다. 잔인하지 않은가. 우리는 타인에게는 차마 꺼내지 못할 말을 가족에게는 아무렇지 않게 내뱉고, 가장 깊은 상처를 주는 말은 결국 가족에게서 듣는다. 이것이 끝이 아니다. 민희 씨의 외모가 부끄러웠던 어머니는 길을 걸으면 손을 잡지 않고 앞뒤로 서서 걸었고, 그녀에게 항상 당부의 말을 했다. "솔직히 너도 네가 못생긴 거 알지? 못생기면 성격이라도 좋아야 해. 그래야 친구들이 너랑 놀아 줄 거야. 알겠지?"라며 사람들에게 웃으며 인사하라고 시키기 일쑤였다. 그래서 그녀는 항상 웃고, 양보하면서 자랐다. 시간이 흘러 성인이 되었을 때 그녀는 우울감에 시달렸다. 병원에 가니 가면우울증이라고 했다.

비교, 벗어나기 힘든 외모 트라우마

"너희 언니는 예쁜데 넌 왜 그래?"

나의 수강생 중 쌍둥이인 경선 씨의 이야기다. 그녀는 이란성 여자 쌍둥이 중 한 명으로, 성별이 같다 보니 둘은 늘 비교 대상이 되었다고 한다. 하늘도 무심하시지 둘에게 너무나 차이 나는 외적 조건을 주었다. 한 아이는 청순 만화 주인공 같은 야리야리한 몸매에 큰 눈망울을 가졌고, 한 아이는 우량아로 태어나 통통하고 굵은 몸매에 단춧구멍처럼 작은 눈을 갖고 있었다. 경선 씨는 후자였다. 그녀는 집에서든 밖에서든 항상 비교를 당했다.

"언니는 예쁜데 동생은 왜 저렇게 생겼지? 안타깝다."

사람들은 항상 수군댔고, 부모님의 SNS 프로필에는 언제나 언니의 사진만이 가득했다. '미운 오리 새끼'라는 게 바로 이런 걸까. 세상에서 가장 가까운 사람이라는 가족들이 세상에서 가장 멀게 느껴졌다. 그렇게 집에서도 밖에서도 외모 비교를 당하며 그녀의 자존감은 바닥을 쳤다. 성인이 된 지금까지도 그녀는 '나는 부족해, 나는 못생겼어'라는 외모 트라우마에 고통받고 있다. 못생긴 외모 때문에 가족에게조차 외면받는다고 생각한 그녀는 일찍이 독립했지만, 명절과 같이 가족과 만나는 날이면 겨우 아문 상처가 헤집어지는 고통을 느낀다고 했다.

엄마, 도대체 왜 날 병신으로 낳았어?

초등학교 때의 일이다. 그때 당시에는 그런 개념을 잘 몰랐지만 되돌아보면 아마도 나는 성조숙증이었던 것 같다. 또래보다 이차 성징이 빨리 온 나는 얼굴에 여드름이 가득했고, 친구들보다 가슴도 빨리 나왔다. 어느 날 내 짝이 음란서적을 갖고 학교에 왔다. 그리고 그걸 보면서 "야, 여자는 몸매가 좀 돼야지. 너도 가슴 좀 컸냐?"라고 말하며 내 가슴을 아무렇지 않게 움켜쥐었다. 놀랍게도 겨우 초등학교 5학년 때 일이다. 너무 화가 나서 짝을 밀쳤고, 교실 안에서 격렬한 몸싸움이 시작됐다. 치고받고 싸우던 중 내 짝이 말했다.

"아 진짜 짜증 나게 하네. 병신같이 생긴 게."

싸움이 어떻게 끝났는지 명확하게 기억나진 않지만 내 머리에는 '병신같이 생겼다'라는 말이 박혀 버렸다. 병신의 사전적 의미는 첫째로 신체의 어느 부분이 온전하지 못한 기형이거나 그 기능을 잃어버린 상태의 사람, 둘째로 모자라는 행동을 하는 사람, 셋째로 어느 부분을 갖추지 못한 물건이라는 뜻이 있다. 나는 병신이라는 말을 들은 순간 세 번째의 느낌을 받았다. 사람도 아닌 기능을 갖추지 못한 쓰레기 같은 존재가 된 기분, 사회적 기준에 부합하지 못하는 외모를 가진 온전하지 못한 사람이라는 외모 트라우마를 갖게 된 것이다. 그 이후로 오랫동안 나는 온전하지 못하게 생겼다는 외모 트라우마에 시달렸다. 그리고 나를 이렇게 낳은 부모님이 한없이 원망스러웠다. 20여 년이 훌쩍 지난 일임에도 여전히 기억이 생생하다는 것 자체가 그때의 충격이 얼마나 컸는지 말해 준다. 그 이후 나는 끊임없이 내 외모를 의식하며 혹시 다른 사람이 나를 '병신'으로 보는 건 아닐까 하는 두려움 속에 살아왔다.

지금까지 나를 포함한 세 사람의 외모 트라우마가 생긴 계기를 이야기했다. 당신에게는 어떤 외모 트라우마가 있는가?

당신의 외모 트라우마가 어디서 어떻게 시작되었는지 나는 알 수 없다. 그 트라우마는 큰 사건에 의한 것일 수도 있고 아주 작은 일에서 시작되었을 수도 있다. 그러나 누구나 외모 때문에 고통받는 것은 아니다. 비슷한 외모를 가졌지만 서로 다르게 살아가는 사람들이 있다. 누구는 뚱뚱해서 죄송하다고 하고 다른 누구는 뚱뚱한 게 매력 포인트라고 한다. 크고 작은 외모 트라우마 때문에 힘든 당신에게 지금 당장 필요한 것은 바로 자신만의 외모력을 되찾는 것이다.

누가 우리의 외모력을 빼앗는가?

드라마 〈마스크걸〉에는 심각한 외모 콤플렉스를 가진 '주오남'이라는 캐릭터가 등장한다. 극 중 그의 등장 신은 왜 그가 외모 콤플렉스에 시달리게 되었는지를 적나라하게 보여 준다.

어른이 된 그는 혼자 어두컴컴한 방에서 컴퓨터를 하며, 사람이 아닌 인형을 앞혀 놓고 대화를 나눈다.

주오남은 어린 시절부터 외모로 인해 끝없는 괴롭힘을 당했다. 뚱뚱하고 키가 작다는 이유 때문이었다. 때리는 것은 기본이고 도시락도 마음 놓고 먹지 못할 만큼 지독한 괴롭힘은 학창 시절 내내 계속되었다. 그것을 피하는 방법으로 그가 선택한 것은 자신의 존재를 드러내지 않는 것이었다. 조금이라도 드러내는 순간 괴롭힘이 이어졌기 때문이다.

그는 점점 사람들의 시선이 무서워졌고, 자신의 존재를 지우는 데에 최선을 다했다.

그의 이야기를 들어 줄 사람은 아무도 없었다. 심지어 가족조차도 말이다.

이미지 컨설팅을 받으러 오는 이들 중에는 드라마 속 주오남처럼 외모 때문에 학교에서 괴롭힘을 당한 경험이 있는 남성도 적지 않다. 사람들은 그들이 뚱뚱하니까 말랐으니까 작으니까 얼굴이 검으니까 여드름이 많으니까 외모로 놀림을 당해도 괜찮다고 생각하는 걸까?

오랜 기간 이미지 컨설팅을 하면서 저 정말 예뻐지고 싶어요, 잘생기고 멋져지고 싶어요, 라고 말하는 사람들을 많이 만났다. 그들은 어린 시절부터 다양한 사람들을 통해 외모에 관한 비난, 충고, 비판을 들어 왔다. 슬프게도 상처는 늘 가까운 곳에서 시작된다. 가족이나 친구는 무심코 던진 말로 상처를 주고, 겨우 취업해 사회에 나서면 외모에 대한 지적이 일상이 되며, 연인에게서조차 듣지 말아야 할 말에 마음이 무너지게 된다. 그리고 그에 대한 트라우마는 폭식증이나 거식증, 신체이형장애 등 여러 가지 외모 강박으로 나타난다.

여러 연구에 따르면 가족, 친구, 그리고 그 외의 사람들의 부정적인 외모 평가가 자신에 대한 불만족이나 식이장애, 그리고 심리적 불안 등으로 귀결된다고 한다.

이런 이유로 외모에 대한 자신감이 떨어진 당신에게 해줄 말이 있다. 당신은 세뇌당했다. 당신도 모르는 사이에. 나는 아름답지 않다고, 나의 외모는 어딘가 부족하다고, 그러니 부단히 노력해야 한다고, 그래야 이 험한 세상을 살아갈 수 있다고 말이다. 그들은 당신과 가깝다는 핑계로 혹은 당신을 돕기 위함을 빙자하여 당신을 마음대로 재단하고 조종해 왔다.

외모 감시자들: 가까운 타인을 조심하라

"기분 나빠하지 말고 들어. 다 너를 생각해서 하는 얘기야."

나의 어머니는 친절하고 부지런한 분이다. 주말이라고 해서 흐트러지는 법이 없었다. 화장을 하지 않은 채 집에 계신 모습을 거의 본 적이 없다. 나는 주말에 늘어져 있는 걸 선호하는 타입인데 어머니는 그걸 좋아하지 않았다. 이미지 컨설턴트가 된 이후로 간섭 아닌 간섭이 더 심해졌다. 이제는 직업을 통해 나를 자극했다.

"아이고 강사님~ 강사님이 이렇게 하고 다니면 안 되지요~"

내게 이런 말을 하면 '나는 집에서 강사 아닌데? 왜 집에서까지 편하게 있을 수가 없는 거야?'라는 생각이 들었다. 결혼 후에도 내가 예쁘게 하고 오는 날은 환대하고, 내가 꾸미지 않은 날은 실망했다. 물론 어머니의 성격상 대놓고 비난하지는 않았지만, 분위기와 눈빛이 그러했다. 나는 세상에서 가장 가까운 어머니에게 외모 평가를 당했다.

몇 해 전 외할머니의 장례식이었다. 명절에 돌아가신 터라 아이를 시댁에 맡기고 허겁지겁 장례식장에 도착했다. 그런 날 보고 친척 중 한 사람이 얘기했다.

"어? 생각보다 살 안 쪘네?"

"너희 엄마 닮아서 살찔 줄 알았는데, 관리 잘했다?"

그녀는 칭찬인지 욕인지 모를 이야기를 해 댔다. 그것도 장례식장에서. 이런 자리에서도 그러할진대 명절은 어땠을까. 어릴 적부터 명절에 친척들이 모이면 항상 긴장했다. 오늘은 또 어떤 부정적인 외모 평가를 들을까 하며 말이다.

사람들이 명절을 기피하는 큰 이유 중 하나가 바로 잔소리 때문이란다. 밑도 끝도 없는 "다 너를 생각해서 하는 이야기야."라는 것들 말이다.

"너 뚱뚱해서 시집이나 가겠냐?" "누굴 닮아서 눈이 저렇게 쭉 째졌냐. 한숨만 나온다." "너는 키가 작아서 키 큰 여자 만나야 해. 그래야 애라도 크지."

이런 이야기 속에서 과연 진심으로 나를 위하는 것이라는 따뜻한 감정이 느껴지는가?

결혼과 동시에 외모 자존감이 바닥을 쳤다는 한 여성의 이야기를 들어 보자. 그녀의 시어머니는 나이가 들어서도 외모 관리에 철저한 사람이다. 그래서 처음에 무용을 전공해서 늘씬한 몸매를 가진 그녀를 참 예뻐했더란다. 그런데 아이 둘을 출산하고 나서는 그녀의 마음과는 다르게 몸이 원래대로 돌아오질 않았다. 뼈는 벌어질 대로 벌어졌고 독박 육아를 하며 불규칙한 식사를 하니 몸매가 돌아오질 않는 것이다. 시어머니는 그녀를 볼 때마다 혀를 끌끌 찼고, 그녀는 다른 무엇도 아닌 살 때문에 시어머니의 눈치를 보는 자발적 노예가 되었다.

외모 자존감이 바닥을 친 또 다른 사연을 가진 여성의 이야기도 보탠다.

"제가 너무 못생겨서 남자친구한테 미안해요."

"예전에 사귀었던 남자친구가, 네가 너무 못생겨서 쪽팔린다고 말했었거든요. 지금 남자친구는 저를 정말 사랑해주는데, 그럴수록 내가 좀 더 예뻤다면 좋았을 텐데 하는 미안한 마음이 들어요."

뭣이라고? 이런 말을 계속 듣다 보면 복장이 터진다. 못생겨서 미안하다니. 도대체 누구에게 미안하다는 말인가?

이렇듯 큰일은 아닐지라도, 가족이나 연인, 친구 등 가까운 사람들에게서 받는 부정적인 외모 평가는 생각보다 흔히 일어난다. 결코 나와 그들만의 이야기는 아닐 것이다.

　가까운 타인들을 조심하라. 가족도 친구도 모두 내 마음과 같을 수는 없다. 그리고 그들은 내 삶을 대신 살아 주지 않는다. 그들의 말에 흔들리지 마시라. 타인의 의견은 당신을 정의할 수 없다.

외모력을 잃은 당신에게

우리는 언제 어디서 외모력을 잃게 되었을까? 외모에 대한 인식은 자기 스스로 생긴다기보다는 타인의 시선이나 평가로부터 시작되는 경우가 많다. 특히, 가족이나 친구, 직장 동료와 같은 주변 사람들의 이야기는 우리의 자아와 신체 이미지를 형성하는 것에 결정적인 영향을 미친다.

단 하루만이라도 예뻐 봤으면 소원이 없겠네

"선생님. 저는 더 이상 이렇게 살고 싶지가 않아요. 죽기 전에 한 번이라도 예쁘다는 소리 들어 보고 싶어요."

한동안 버킷리스트가 유행하던 시절이 있었다. 그리고

죽기 전에 ○○하기 시리즈도 유행했다.(이 책들이 과연 사람들의 마음에 열정을 지폈는지 오히려 그냥 죽자는 마음을 들게 했는지까지는 모르겠지만 적어도 어떤 사람에게는 차마 용기 내지 못했던 것을 말하거나 행동하게끔 하는 요소가 있었다는 것은 확실하다)

그때 당시 죽기 전에 무엇인가를 해 보겠다는 심정으로 나에게 이미지 컨설팅을 받으러 오는 사람들이 많았다. 그중에는 30대의 공무원 정현 씨도 있었다.

"선생님 저는요. 정말 사연이 많아요. 어려서부터 외모 때문에 너무 많은 상처를 받아 왔어요. 심지어 가족에게조차 한 번도 예쁘다는 소리를 들어 본 적이 없어요. 이런 제 삶이 너무 싫고 비참해요, 단 하루만이라도 예뻐 봤으면 소원이 없겠어요."

나는 그녀의 말만으로는 상황을 가늠하기 어려워, 그녀가 고통받는 부분이 어디인지 정확히 알기 위해 인생의 시기별로 마음 깊이 새겨진 아픈 기억들을 꺼내도록 했다.

외모로 인해 상처받은 그녀의 이야기

아래는 그녀가 인생 시기별로 겪은 외모 트라우마를 그대로 옮긴 것이다.

• 유년기

유치원 친구들이 "우하하 돼지래요~ 배 나온 거 보래요~ 쟤는 뚱뚱하니까 간식 안 나눠 먹어도 되겠다~"라며 놀려 댔다. 선생님은 이를 말리지 않았다.

• 학창 시절

같은 반에 좋아하던 남자친구가 "야 돼지. 너 삼겹살 냄새나. 몸에 털 좀 봐. 그거 돼지라 생기는 거야. 알아? 급식을 왜 이렇게 많이 먹어? 너네 집 밥값 엄청 들겠다."라고 말했고 그 뒤로 점심 시간만 되면 식판에 밥을 조금만 받은 뒤 매점에서 간식을 사 먹었다.

• 20대 대학 시절

첫사랑인 남자친구와 데이트하는 도중에 남자친구가 "이야넌 등판이 꼭 남자 같다. 내가 여자랑 만나는 건지 남자랑 만나는 건지 모르겠네."라고 말했고, 얼마 되지 않아 그 남자친구는 같은 과 날씬한 여자 동기랑 바람이 났다. 나는 그저 못생긴 내 탓이라고 생각했다.

• 20대 사회 초년생 시절

첫사랑 남자친구에게 상처받고 독한 마음먹고 살은 뺐지만 여전히 나는 못생긴 돼지라는 마음이 있어서 새로운 남자친구를 사귀더라도 항상 자신이 없었다. 데이트를 하면서도 살찔까 봐 밥 먹을 때도 즐기면서 못 먹고 많이 먹은 날에는 집에 와서 먹토를 하거나 변비약을 사 먹거나 했다. 아예 쫄쫄 굶는 날도 많았다. 이래서 남들 다하는 결혼은 할 수 있는지 걱정스러운 나날이었다.

• 20대 취업 후

꿈에 그리던 공무원이 되었다. 그러나 대면이 많은 부서여서인지, 민원인들은 더 노골적이었고 매일매일이 외모 평가의 연속이었다.

• 30대

결혼은 성공했지만 그게 끝은 아니었다. 남편과 같이 야식도 자주 먹다 보니 결국 요요가 왔다. 요즘 여자들은 나이가 들어도 관리를 잘하는지 온통 날씬한 사람투성이였다. 부부동반 모임에 나갔는데 글쎄 다들 44 사이즈인 게 아닌가.

"아휴~ 제수씨는 ○○이 사랑을 듬뿍 먹나 봐요~ 얼굴이 좋아 보여요~"라고 말하는 남편 친구들의 말이 달갑지 않게 느껴졌다.

명절에 시댁에 갔더니 시부모님이 "남편은 이렇게 말라 가는데 쯧쯧…"이라며 눈치를 주셨다. 남편은 살이 원체 안 찌는 체질이고 나는 살이 잘 찌는 체질인데 어쩌란 말인가.

• 출산 후

우리 딸아이는 4kg으로 태어난 우량아였다. 게다가 식성이 얼마나 좋은지, 또래에 비해 항상 통통했다. 시부모님은 나를 만날 때마다 얘기했다. "아이고 적당히 먹여라. 엄마 닮으면 살찔 텐데 걱정이다." 나는 결혼 후에도 외모의 굴레에서 자유롭지 못했다. 아줌마가 되면 편할 줄 알았는데 말이다. 스트레스를 받아 밤에 아이를 재우고 맥주 한 캔을 비우는 습관이 생겼다. 덕분에 살은 점점 쪘고, 첫 남자친구와의 관계에서 생긴 외모 트라우마로 인해 살찐 몸으로는 가벼운 스킨십도 하기 싫어서 남편을 피하다 보니 어느새 각방을 쓰는 부부가 되어 있었다. 다들 가족끼리는 그러는 거 아니라고 하니까 그래 난 괜찮아 다들 그러니까 나만 그런 게 아니니까 하며 자기합리화를 하며 살아갔다.

• 복직 후

육아휴직을 마치고 복직을 했는데 어느 날 한 민원인이 소리를 지르며 말했다. "야 이년아. 그렇게 일 처리를 느릿느릿하게 하니까 뒤룩뒤룩 살이 찌는 거 아냐. 아줌마가 집에서 애나 보지 기어 나와서는. 쯧쯧." 이런 말을 들으면서까지 계속 일을 해야 하나 생각이 들었지만 딸아이 학원이라도 하나 더 보내려면 회사를 그만둘 수가 없었다. 그렇게 꾸역꾸역 하루하루를 보냈다. 그런데 어느 날 생각지도 못한 사람이 나에게 비수를 꽂았다. 바로 딸아이였다.

"엄마, 나 학교에 데리러 오지 마."

"왜?"

"아니야~"

"왜 그러는데~ 우리 ○○이 보고 싶어서 가는데~"

"엄마가 뚱뚱하고 못생겼다고 친구들이 놀려. 그런 거 싫어. 다른 엄마들은 다 날씬하고 예쁜데. 친구들이 엄마 보고 나서부터 나도 엄마 닮아서 뚱뚱하고 못생긴 거래. 나 학교 다니기 싫어."

내 몸에서 나온 나와 가장 가깝다고 생각한 존재에게 부정당하면서 또 하나의 큰 상처가 생겨 버렸다. 다 못생기게 태어난 내 탓이라는 생각이 들었다. 그리고 아이에게 나와 같은 삶을 물려주는 것 같아 죄책감도 생겨났다. 그 이후로 나는 날씬해 보이기 위해 검은 옷만 입으며 홈쇼핑에 나오는 각종 다이어트 보조제를 달고 살았다. 다이어트에 좋은 약이라면 지방까지 가서 사 오는 수고를 마다하지 않았다. 그런데도 나는 여전히 아름답지 않았다. 엎친 데 덮친 격으로 출처를 알 수 없는 다이어트 약의 부작용으로 극도의 불안함과 함께 우울증까지 찾아왔다. 이렇게 살 거면 그냥 죽는 게 낫지 않을까 하는 생각이 들었다.

정현 씨의 이야기가 남 일 같지 않은가? 당신의 삶도 크게 다르지 않을 것 같은가? 아니면 이미 비슷한 상황을 겪고 있지는 않은가? 그렇다면 당신은 외모력을 잃었다고 생각할 것이다. 그러나 안심하라. 당신의 외모력은 사라지지 않았다. 여전히 당신 안에 머물러 있다. 필요한 것은, 당신이 그 사실을 의심하지 않고 꺼내어 쓰는 일뿐이다. 이 책을 통해 잃어버린 줄로만 알았던 당신의 외모력을 찾길 바란다.

3장

내면의 외모 비판자:
나는 어떤 말과 행동을 반복하는가

나는 나에게 어떤 말을 하는가?

니가 뭔데 날 판단해?

"아휴 엉덩이가 왜 이렇게 처졌냐. 나이 들어서 그런가… 아직 결혼도 못 했는데. 눈가에 주름이 더 진해졌네 짜증 나."

서른두 살 윤미 씨의 아침 루틴은 전신거울 앞 신랄한 자기 외모 평가로 시작된다. 특히 처진 엉덩이는 그녀의 최대 관심사. 힙업이 된다는 각종 운동을 하고, 피부 탄력이 좋아진다는 영양제를 먹어 봐도 윤미 씨의 외모 불만족은 해소되지 않았다. 그녀가 이렇게 된 건 1년 전 그 일이 있은 후부터였다.

윤미 씨에게는 세 살 연하의 남자친구가 있었다. 대학 동

아리 후배였던 그의 적극적인 구애로 시작된 연애는 7년이나 지속되었다. 그사이 윤미 씨는 그와 결혼까지 생각하며, 그에 대한 뒷바라지를 아끼지 않았다. 일찍 취업에 성공한 윤미 씨는 남자친구가 군 복무 중일 때는 물론, 대학원에 다니고 취업을 준비하던 시기까지 대부분의 데이트 비용을 혼자 감당했다. 그래도 억울하지는 않았다. 그를 잘 키워서 결혼할 생각이었기 때문이다.

남자친구가 취업에 성공하고 3개월쯤 되었을 무렵 연말, 윤미 씨는 집안일이 있어 고향에 내려간다던 남자친구를 명동 한복판에서 마주쳤다. 그의 곁에는 한눈에 봐도 어려 보이는 여자가 있었고, 둘은 팔짱을 꼭 낀 채 걷고 있었다. 윤미 씨는 그 상황을 두 눈 뜨고도 믿을 수가 없었다. '설마 친구겠지'하는 마음으로 그에게 다가갔다. 그는 질색하며 옆에 있는 여자에게 설명했다. "학교 선배야. 잠시만 기다려. 얘기 좀 하고 올게."라고. 윤미 씨는 그에게 무슨 상황인지 따져 물었다. 그는 단호하게 얘기했다. "우리 헤어지자." 윤미 씨는 갑작스러운 이 상황을 받아들일 수가 없었다. 이유를 좀 알려 달라고 울며 매달리자 그가 이렇게 말했다.

"아. 이것까진 말 안 하려고 했는데 왜 이렇게 질척거려. 이거 니가 자초한 거야. 정말 알고 싶어? 니 엉덩이 처진 것 좀 봐. 너랑은 할 맛이 안 나. 알아? 얼굴은 또 그게 뭐냐? 직장인이 화장도 안 하고. 신경 좀 쓰고 다녀. 마주 보고 밥은 먹을 수 있어야 할 거 아니냐. 니 얼굴만 보면 밥맛이 뚝 떨어진다고. 주름이 자글자글한 게 너 같은 것도 여자라고 참… 관리 좀 해라."

그의 말에 윤미 씨는 할 말을 잃었다. 윤미 씨의 7년이 물거품이 되는 순간이었다. 죽자 사자 따라다닐 때는 언제고, 그녀에게 남은 거라곤 그와 만나는 동안 바닥난 통장 잔고와 처진 엉덩이뿐이었다.

나 자신에게 하는 말을 경계하라

"못생겼어."

"뚱뚱해."

"피부는 왜 이 모양이야?"

"머리는 왜 이렇게 크고."

"다리는 왜 이렇게 짧고 굵냐."
"이 몸으로 살 거면 나가 죽어."
"자기관리도 못하는 게으른 인간아."
"이대로라면 사랑받을 수 없어."
"이 몸이라면 나는 버림받을 거야."
"이 얼굴이라면 나는 무시당할 거야."

 이 중 하나라도 지금 당신이 스스로에게 하고 있는 말이 있는가? 그렇다면 당신의 외모력을 갉아먹는 건 다름 아닌 당신 자신일지도 모른다. 윤미 씨의 경우처럼 처음엔 타인으로부터 외모에 대한 비난이나 평가를 받았을 수 있다. 그러나 그것을 점점 더 큰 괴물로 만든 것은 결국 자기 자신일 수 있다는 점을 잊지 말아야 한다.
 강의와 컨설팅을 하면서 수강생들에게 항상 하는 이야기가 있다. '자기 자신에게 하는 말을 조심하라'라는 말이다. 앞선 장에서는 가까운 타인을 조심하라고 했다. 그런데 우리는 그보다 앞서 자기 자신을 조심해야 한다. 왜냐하면, 우리가 가장 많이 대화 나누고 이야기를 듣는 *상대*

가 바로 자기 자신이기 때문이다. 우리는 하루 중 어마어마한 시간을 자신과 대화하는 데 쓴다. 밥 먹을 때, 일할 때, 씻을 때, 운동할 때, 길을 걸을 때, 운전할 때, 심지어 화장실을 갈 때조차 자신과의 대화를 멈추지 않는다. 지금 책을 읽는 이 순간에도 당신은 자신과 대화를 나누고 있다. 그런데 이런 대화 중에 자기 스스로 외모 비하와 자기비난을 계속한다면 어떻게 될까? 그것은 자기암시가 되어 결국엔 사실 여부와 상관없이 자기 자신을 그렇게 바라보게 된다. 그러므로 당신은 자기 자신에게 하는 말을 조심해야 한다. 당신이 지금 현재 어떤 모습이건 간에, 변하기로 마음먹었다면 밝은 미래로 나아가는 길에 자기 스스로 발목을 잡지는 말아라.

내 안의 외모 비판자를 만난다면

그렇다면 끊임없이 올라오는 내 안의 외모 비판자를 잠재울 방법은 없을까? 세계적인 긍정심리학자 바버라 프레드릭슨은 오랜 연구에서 누구라도 부정 정서보다 세 배 이상의 긍정 정서를 유지하면 일에서 큰 성과를 낼 수 있다는 것을 알아냈다. 그러므로 당신 자신에게 긍정적인 이야기를 남기려면 자기 자신에게 부정적인 말을 한 번 할 때마다 긍정적인 말을 세 번 이상 들려주는 것이 좋다.

덧붙이자면, 당신이 스스로에게 어떤 말을 하고 있는지 늘 점검하길 바란다. 자신에게 하는 말을 다른 사람에게서도 듣게 될 테니 말이다.

나는 언제나 나의 편

윤미 씨가 날 찾아온 건 어느 여름날이었다. 그룹 이미지 컨설팅 과정에서 유난히 조용하게 있던 그녀가 왜 이렇게 엉덩이에 집착하는 것인지 궁금했다. 나는 컨설팅을 통해 그녀가 외모 콤플렉스에 시달리게 된 이유를 찾고 솔루션을 시행했다. 윤미 씨의 마음 안에는 각종 외모 트라우마와 상처, 분노, 배신감이 혼재해 있었다. 나는 내면 솔루션을 통해 그녀에게 긍정적인 자아상을 수립할 수 있도록 하고, 외면 컨설팅을 통해 외모와 태도를 정비했다. 비로소 윤미 씨만의 외모력이 완성된 것이다.

그로부터 6개월 후, 나는 지하철 개찰구에서 그녀와 마주쳤다. 그녀의 눈은 반짝반짝 빛나고 있었다. "선생님. 저 이제 주변에 남자가 끊이질 않아요. 이 중에서 골라서 결혼하려고요. 그리고 제 외모에 자신감도 많이 생겼어요. 잃어버린 저를 찾게 해 주셔서 감사해요."라며 빙그레 웃는 윤미 씨의 미소가 아직도 생생하다. 윤미 씨가 웃을 수 있었던 이유는, 자신만의 외모력을 찾아 온전히 자기 자신의 편이 되었기 때문이다.

 자신의 외모력을 찾아 반짝거리는 사람으로 다시 태어난 수강생들을 보며, 진정으로 자신의 편이 되어 스스로의 외모를 사랑할 수 있게 하는 법을 더 많은 사람에게 알려 주고 싶어졌다. 당신이 외모 때문에 힘들다면, 이 책을 통해 자신만의 외모력을 찾아, 윤미 씨처럼 환하게 웃어 보일 수 있게 되기를 바란다.

당신의 몸은 안녕하십니까?

 현대 사회에서 아름다운 몸에 대한 기준은 나날이 높아지고 있다. 특히 몸매는 자기관리의 기본처럼 여겨진다. 그래서 비만한 사람을 보면 '자기관리 못하는 사람이다' '게으른 사람이다'라는 식의 꼬리표가 따라붙게 되고, 각종 미디어에서는 알게 모르게 마른 몸매의 중요성을 강조한다. 이렇듯, 미의 기준이 가혹한 사회에서 힘겹게 살아가고 있는 당신의 몸 상태를 점검해 보자.

코끼리 다리의 비애
 몇 년 전, 서울의 한 대학에서 면접 이미지 컨설팅을 진행했다. 그곳에서 가영 씨를 만났다. 가영 씨가 취입하여는 직장에서 선호하는 스타일은 치마 정장인데 자신은 치마를 입고 면접을 볼 자신이 없다는 것이었다. 그렇다면 가영 씨의 다리가 엄청 굵었느냐? 그것도 아니었다. 나는 보통보다 조금 마른 듯한 체격의 그녀가 치마를 한사코 거부하는 이유가 궁금했다.

가영 씨의 어렸을 적 별명은 '코끼리 다리'였다고 한다. 초등학교 때 같은 반 남자아이들이 너무 놀려 대서 큰 스트레스를 받았던 그녀는 원형탈모까지 걸렸었다. 중학생 때부터 꾸준한 다이어트로 날씬한 몸매를 유지해 온 그녀였지만, 거울 앞에만 서면 가느다란 허리보다 굵은(그녀의 눈에만 굵어 보이는) 다리만 눈에 들어왔다. 다이어트를 반복할수록 상체는 가늘어지고 하체는 더욱 굵어지는 기분이었다. 가영 씨는 다리를 가리기 위해 여름에도 긴바지만 입는다고 했다. 면접을 보러 갈 때도 치마를 입고 가면 면접관들이 자신의 코끼리 다리를 보고 비호감으로 여길까 봐 걱정이 앞선다고 했다. 다년간 이미지 컨설팅을 해 오면서, 가영 씨뿐만 아니라 많은 사람들이 자신의 신체 이미지를 부정적으로 인식하며 살아가는 모습을 보면 마음이 아프다.

'뼈말라'가 되고 싶어요

"중학생 딸이 아이돌이 먹는다는 다이어트약을 사 달라고 하네요. 건강이 걱정됩니다."

최근 10대 청소년 사이에서 극도로 마른 몸을 추구하는 것이 유행하고 있다. 마른 몸의 연예인, 아이돌을 보며 말라야 아름다운 것이며 그들처럼 되고 싶다는 이유에서다. 날씬함을 넘어 뼈가 보일 정도로 앙상한 몸을 선호하는 '뼈말라족'까지 생겨났다. SNS에는 '뼈말라 되는 법' '프로아나(프로아나는 '찬성한다'는 뜻의 프로pro와 '거식증'을 뜻하는 아노렉시아anorexia의 합성어로, 거식증을 추구하고 섭식장애의 치료를 거부하는 현상을 말한다) 친구 구함' 같은 게시글이 넘쳐 나고 있다.

섭식장애를 앓는 10대들도 크게 늘어났는데, 최근 조사에서는 거식증으로 병원을 찾은 환자 중 10대 청소년이 25%로 가장 높은 비율을 차지했다. 이것은 비단 10대만의 이야기가 아니다. 우리나라 20대 여성들을 대상으로 한 신체 만족도 설문에서도 정상 체중 여성의 90%가 자신의 몸무게에 만족하지 못한다고 대답했기 때문이다. 여성들이 주로 활동하는 인터넷 뷰티 카페에는 다이어트 관련 글이 항상 상위에 노출된다. 이는 성인 여성들조차 몸에서 자유롭지 못하다는 뜻이 아닐까.

신체 이미지 형성의 비밀

"엄마. 나 배 많이 나왔어? 뚱뚱해 보여?"

일곱 살 딸아이가 말했다. 아이가 '살'에 신경 쓰기 시작한 건 다섯 살부터였다. 태어날 때부터 밥을 잘 먹기로 유명했던 딸은 영유아 검진에서도 10% 안에 드는 통통한 아이였다. 네 살 즈음부터 신체 활동이 많아서인지 살이 빠지기 시작했고, 주변에서 하나둘씩 외모 평가를 시작했다. "어머 딸내미 살 빠지니까 예쁘네."라고 말이다. 여기서 아이가 꽂힌 포인트는 '살 빠지니까'였던 듯하다. 그런 말을 자주 들으니 아이는 살이 찌면 못생겨지는 것이라고 여겼다. 심지어는 살이 찌면 무슨 일을 하지 못할 것이라는 생각까지 했다. "엄마. 애들이 그러는데 살찌면 아이돌 못 한

대." 딸아이의 말로는 유치원 아이들끼리도 팻 토크fat talk (여성들 사이의 몸매에 대한 부정적이고 자기비하적인 대화)를 한다고 한다. 신체 이미지는 주변의 영향을 많이 받는다. 당신의 신체 이미지는 어떠한가?

다이어트 후를 기약하지 말 것

"오늘부터 다이어트다!"

혹시 당신도 이 말을 자주 하는가. 취업도, 소개팅도, 각종 모임도 모두 다이어트 후로 미루고 있진 않은가? 다이어트를 하고 나면 자신감이 생겨서 무슨 일이든 다 이룰 수 있을 것 같은가? 반대로 다이어트에 성공하지 못하면 아무것도 이룰 수 없다고 생각하고 있진 않은가?

한 연구에 따르면 습관적으로 다이어트를 하는 '만성 다이어터'의 경우 보통 사람들보다 자신의 외모와 신체에 대한 만족도가 낮다고 한다. 그리고 평균 체중인데도 불구하고, 몸을 실제보다 더 비대하게 느낀다고 한다. 다이어트를 습관적으로 하면 할수록 자신의 신체 이미지를 부정적으로 생각하는 경향성이 높아진다는 것이다.

최상의 외모력을 얻으려면 부정적인 신체 이미지를 해소하는 것이 중요하다. 신체에 대한 불만족은 외모력을 찾는 데에 큰 방해가 될 수 있기 때문이다. 당신에게 다이어트를 하지 말라는 것이 아니다. 외모력을 찾는 과정에서 적절한 다이어트는 도움이 될 수 있다. 그러나 단지 '살을 빼야만 한다'는 의무감에 사로잡혀 목적 없는 다이어트를 만성적으로 실행하는 것은 건강만 해칠 뿐이다.

당신만의 외모력을 찾는 시작을 다이어트 후로 미루지 말자. 세월은 당신을 기다려 주지 않는다.

당신의 옷장이 들려주는 이야기

 우리가 살면서 하루도 빠짐없이 꼭 하는 일이 있다. 바로 옷을 입는 것이다. 그래서 우리의 옷장 속에는 많은 이야기가 숨어 있다. 몸의 어느 부분을 신경 쓰는지, 어떤 디자인의 옷을 주로 사는지, 동경하는 패션 스타일은 무엇인지, 어디를 주로 다니는지, 심리적으로 어떤 어려움을 느끼는지, 어떤 욕구를 가졌는지….

 이렇듯 옷장에는 우리의 몸과 마음의 상태, 욕구, 그리고 삶의 방식이 고스란히 드러난다.

 사람의 라이프 스타일을 바꾸는 가장 쉬운 방법은 환경을 바꾸는 것이다. 그러나 물리적인 환경을 바꾸기란 쉬운 일이 아니다. 그래서 나는 당신에게 옷장 환경 바꾸기를 추천한다.

이제부터 컨설팅하면서 만난 많은 사람들이 공통적으로 겪고 있는 옷장 속 문제들과 해결책을 알려 주도록 하겠다. 우리 함께 옷장 속 이야기를 들어 보자.

옷장 스토리 1: 경화 씨의 무기력증
① 고민: 이젠 올 블랙 패션에서 벗어나고 싶다

경화 씨가 날 찾아온 건 어느 무더운 여름날이었다. 한눈에 보기에도 너무 더워 보이는 올 블랙 패션이었다. 그녀에게는 미안하지만, 먼발치에서 보면 핼러윈에 많이 보이는 검은 포대 자루 같아 보였다. 경화 씨는 대학에서 일본어를 가르치는 교수였다. 경화 씨가 나를 찾아온 이유는 단순했다. 딸아이가 엄마가 너무 생기 없어 보이고 무엇보다 전혀 교수님처럼 보이지 않는다고 이야기했기 때문이었다. 멀리서 볼 때는 검은 포대 자루 같던 경화 씨를 가까이서 보니 사뭇 달랐다. 눈은 초롱초롱하고 빛나며, 매력적인 미소를 가진 사람이었다. 나는 경화 씨의 외모력을 되찾아 주기 위해 그녀의 옷장부터 점검하기로 했다. 역시나 그녀의 옷장은 정체 모를 검은 옷들로 가득했다. 디자인도 거의 비슷할 뿐만 아니라 가격표도 떼지 않은 옷들로 꽉 차 있었다. 그런데 단순히 검은색 옷이 가득한 것이 문제가 아니었다.

"아이를 낳고 나서부터 몸매에 자신이 없어졌어요. 그래서 조금이나마 날씬해 보이려고 검은색 옷만 입기 시작했죠."

아이를 낳은 엄마들이라면 공감할 만한 이야기다. 아이를 낳고 나면 늘었던 몸무게가 빠질 줄 알았는데 딱 아이 몸무게만큼만 빠지고 그대로 살이 되었다는 전설의 이야기. 나는 경화 씨에게 물었다. "지금 옷장에 있는 옷들이 마음에 드시나요?" 경화 씨가 대답했다. "아니요. 너무 칙칙하고 지겨워요. 그런데 어떻게 벗어나야 하는지 모르겠어요. 잘 꾸미고 다니는 다른 교수들 보다가 제 모습을 보면 한숨이 나와요. 이미 아줌마가 되어 버린 제가 변할 수는 있을까요?" 경화 씨는 외모뿐 아니라 외모로 인해 자신감마저 떨어지는 내면의 문제까지 안고 있었다. 더는 나아질 수 없을 것 같다는 무력감도 함께였다.

어느 날부터 당신의 옷장에 무채색만 가득하다면(미니

멀리스트가 아니라는 전제하에) 당신의 마음 상태를 점검해 보아라. 자신감이 떨어져 있지는 않은지, 삶의 전반적인 부분에서 흥미를 잃지는 않았는지 말이다.

② 솔루션: 컬러풀한 옷장을 만들자

보통 몸무게가 늘어나게 되면 날씬하게 보이기 위해 검은색 옷을 선택하는 경우가 많다. 그러나 검은색이 자신에게 잘 어울리는 색이면 괜찮겠지만, 잘 어울리는 색이 아니라면 몸의 단점만 두드러지게 할 뿐이다. 어울리는 색의 옷을 입으면 얼굴로 시선이 향하고, 어울리지 않는 색의 옷을 입으면 몸으로 시선이 향하기 때문이다. 자신에게 어울리는 색을 찾아보고 옷장에 적용해 보자. 다양한 색의 옷을 입으면 처져 있던 기분도 다시 살아날 것이다. 어울리는 디자인의 옷도 중요하다. 옷의 핏fit이 좋지 않으면 손이 가질 않게 된다. 뒤에서 자신에게 어울리는 컬러(퍼스널 컬러)와 핏을 찾는 법을 알려 줄 것이다. 이를 잘 적용해서 당신의 옷장에도 컬러풀한 봄날이 오길 기대한다.

옷장 스토리 2: 승아 씨의 쇼핑 중독

① 고민: 오늘도 장바구니를 가득 채웠네

승아 씨는 친구들 사이에서 소비요정이라 불린다. 그녀의 일과는 쇼핑으로 시작해서 쇼핑으로 끝난다 해도 과언이 아니다. 그녀의 핸드폰은 각종 핫딜 알림으로 바쁘다. 요즘에는 인플루언서가 운영하는 의류 쇼핑몰에 빠져 있는데, 이번 주도 블랙 프라이데이 기념 1+1행사를 한다길래 장바구니를 가득 채웠다. 그렇다면 그녀가 돈이 많아서 이렇게 소비를 하는 것이냐? 그것도 아니다. 그녀는 매달 카드를 돌려 막는 것에 익숙해져 있었다. 승아 씨의 삶은 쇼핑으로 인해 무너져 있었던 것이다.

꼭 필요하지 않은 물건을 사는 행위는 삶에 대한 불만족과 당신의 욕구를 반영한다. 무엇인가를 사는 행위로 일시적인 심리적 해소를 할 수 있기 때문이다. 이 정도까지는 아니더라도, 자신이 요즘 지나치게 쇼핑을 하고 있다는 생각이 든다면, 마음속 감춰진 욕구를 들여다보아라. 무엇에 불만족하고 있는지, 어떠한 삶을 살고 싶은지 말이다.

특히 최근에는 SNS의 영향으로 쇼핑 중독이 되는 경우가 많아진 듯하다. 각종 SNS에는 교묘하게 숨겨진 광고들이 즐비하다. 게다가 쇼츠나 릴스 등 짧은 영상에 많이 노출되면서 숨어 있던 쇼핑 욕구가 자극되는 것이다. 그로 인해 '나도 갖고 싶다'는 부러움에 장바구니를 채우게 되고, 필요하지 않은 물건조차 필요하다고 느끼며 산다. 당신이 쇼핑 중독인지 궁금하다면 다음 문항을 체크해 보도록 하자.

> **쇼핑 중독 체크리스트**
> - 항상 무엇을 살 생각을 한다. ☐
> - 계획이 없는 쇼핑을 즐긴다. ☐
> - 일에 대한 보상은 늘 쇼핑이다. ☐
> - 물건을 사도 만족감이 오래가지 않는다. ☐
> - 핫딜, 1+1 등 세일 문구를 발견하면 충동적으로 산다. ☐
> - 언제 산지도 모르는 새 옷이 여러 벌이다. ☐
> - 다른 사람의 물건을 보면 나도 사야 할 것만 같다. ☐
> (실제이든 SNS상이든)
> - 매달 카드값이 걱정된다. ☐
> (다음에 쇼핑을 못 하게 될까 봐)

체크리스트가 모두 자신의 이야기 같다면, 당신도 쇼핑 중독 때문에 어려움을 겪고 있을 것이다. 사실 쇼핑을 하는 것 자체가 문제가 되지는 않는다. 돈이 없는데 물건을 사는 것이 문제가 되는 것이다. 지금 당장 당신의 옷장을 살펴보아라. 왜 그 옷을 샀는지 기억하는가? 별다른 계획 없이 충동적으로 산 것은 아닌가?

쇼핑 중독에서 벗어나는 가장 기본적인 방법은 자신이 어떤 상태에서 쇼핑을 하게 되는가 생각해 보는 것이다. 예를 들어, 여성들은 종종 생리 주기에 따라 특정 기간에 쇼핑에 몰두하게 되는 경우가 있다. 혹은 SNS를 보다가 평소 부러워하던 사람이 가진 물건을 나도 갖고 싶어서 필요도 없는 것을 사게 되기도 한다. 간혹 쇼핑에 드는 비용에 대한 죄책감을 덜기 위해 천 원 샵에서의 쇼핑을 선택하는 사람들도 있을 것이다. 그러나 천 원 샵이든 그 이상이든 당장 필요하지도 않은 물건을 계획 없이 사는 습관 자체가 당신을 중독에서 벗어나지 못하게 만든다.

② 솔루션: 결제 전, 셀프 쇼핑 문답은 필수다

당신의 쇼핑에는 어떤 패턴이 있는지 파악하고 쇼핑에 대한 계획을 세워 보자. 처음부터 계획을 세우는 것이 어렵다면 다음의 '셀프 쇼핑 문답'을 통해 서서히 좋은 쇼핑 습관을 만들어 보는 것도 좋다.

셀프 쇼핑 문답
- 한 달 내로 입을 옷인가? ☐
- 나에게 꼭 필요한가? ☐
  (앞으로 필요할 것 같은 물건은 제외)
- 세일을 하지 않아도 살 것인가? ☐
- 사고 나서 죄책감을 느끼지 않을 것인가? ☐
- 이번 달의 예산은 충분한가? ☐
- 다음에 사면 큰일이 생기는가? (미루기 기법) ☐
- 나를 '지속적으로' 행복하게 할 물건인가? ☐
  (자주 사용할 것만 산다. 소비행위 자체로는
  지속적인 만족을 줄 수 없기 때문이다)

옷장 스토리 3: 연주 씨의 저장 강박

① 고민: 옷이 너무 많은데 정리가 어렵다

"매년 옷을 사는데 입을 게 없어요."

"옷장엔 옷이 넘쳐 나는데 왜 입을 만한 옷이 없죠?"

수강생들의 단골 질문이다. 지난가을, 대기업에 다니는 연주 씨의 컨설팅 날이었다. 내가 그녀의 집에 방문했을 때, 연주 씨의 옷장은 가득 차다 못해 흘러내리고 있었다. 드레스룸뿐만 아니라 이 방 저 방에 옷이 한가득 쌓여 있었고 바닥에도 머리카락과 함께 각종 옷이 널브러져 있었다. 심지어 침대 위까지도 말이다. 그 집의 주인은 연주 씨가 아니라 옷들이었다. 문제는 여기서 끝나지 않았다. 그녀의 책상 위는 알 수 없는 서류들이 길을 잃은 채 나뒹굴고 있었고, 싱크대에는 설거지가 산더미처럼 쌓여 있었다.

보통 저장 강박의 성향이 있는 사람들의 경우에는 정리가 잘 안 되는 증상을 동반한다. 정리가 잘 되지 않는 사람들은 머리와 마음에 복잡한 문제를 안고 있는 경우가 다반사다. 그러므로 지금 당신의 삶에서 당신을 어지럽히고 있는 문제가 무엇인지 찾아야 한다. 마음이 안정되지 않는 이유가 무엇인가? 무엇이 당신을 초조하고 불안하게 하는가? 당신의 머릿속에 정리되지 않은 문제는 없는지 잘 생각해 보길 바란다.

② 솔루션: 옷장에는 '현재'만 남겨야 한다

당신의 옷장이 어디에 살고 있는지 확인하자.

버리지 못하고 끌어안고 사는 옷이 있는가? 그렇다면 당신의 옷장은 과거에 살고 있는 것이다. 언젠간 입을 것 같아서 남겨 두거나, 택도 떼지 않은 옷이 있는가? 그렇다면 당신의 옷장은 미래에 살고 있는 것이다.

당신의 옷장 안에는 당신의 과거와 현재, 그리고 미래까지 담겨 있다. 나는 그런 당신에게 '현재'만 남겨 놓으라 말하고 싶다. 당신의 옷장에는 학창 시절 추억이 담긴 교복, 취업에 성공한 면접 정장, 첫사랑과의 소개팅 날에 입었던 원피스 등 과거의 행복과 영광이 깃든 옷들이 있을 것이다. 또한 결혼하면 첫날밤에 입으려고 산 속옷, 살 빼면 입으려고 미리 구입한 미니스커트, 몇 년 뒤 아이 졸업식에 입으려고 구매한 코트 등 언젠가 필요할 것 같아서 쌓아 둔 미래의 기대를 담은 옷들도 있을 것이다. 그러나 최상의 외모력을 유지하기 위해서 옷장만큼은 '현재'를 살아야 한다. 옷장은 당신에게 지금 당장 잘 맞고, 기분 좋은 옷들로 채워야 한다. 그래야 좋은 기분으로 최고의 컨디션을 유지할 수 있기 때문이다.

이제 과거의 영광과 미래에 대한 기대는 접어 두고 현재의 빛나는 옷장을 만들자.

한 사람의 외모력은 잘 관리된 콤플렉스에서 비롯된다

우리는 누구나 외모에 관한 콤플렉스를 갖고 있다. 그것은 나를 찾아오는 수많은 사람들만 보아도 쉽게 알 수 있다. 잘나가는 기업가, 유명한 정치인, 고소득의 전문직, 연예인 할 것 없이 다들 자신의 외모에서 콤플렉스를 느끼는 부분이 있다고 했다. 그리고 이를 해소하기 위해 여러 가지 시도를 하고 있었다.

사실 외모나 매력에 관한 책은 많다. 뷰티, 다이어트, 비즈니스 등 여러 분야의 전문가들이 쓴 지침서 같은 것들 말이다. 유명하고 성공한 사람들의 외모 관리나 비즈니스매너 관련 글을 보면 멋있고 대단하게 느껴지기도 한다. 그러나 평범한 일상을 살아가는 우리에게 적용하기 힘든 부분이 많은 것도 사실이다. 그들은 대단한 의지력과 강철멘탈을 가졌고, 다듬어진 그들의 모습은 타고나길 좋은 요소가 있으니, 태생부터 나랑은 다른 사람이라는 생각이 들기 때문이다.

나는 그들과 다르다는 움츠러든 마음으로 인해 외모에 관한 콤플렉스를 외면하고 있던 당신에게, 우리와 같은 평범한 사람들이 현실적으로 적용할 수 있는 방법들을 알려주고 싶다.

당신이 자신을 포기하지만 않으면

외모력을 키우라고 말하면 그건 잘나가는 사람들만의 이야기라고 생각할 수도 있다. 그러나 외모력은 일상을 살아가면서 겪는 사람들과의 관계에서 더 큰 힘을 발휘한다. 타인과 함께 살아가는 이상, 외모력이 필요하지 않은 사람은 없다는 얘기다.

실제로 국내 취업포털에서 '직장인 콤플렉스'를 조사했는데 그중 43%가 외모를 꼽아 1위를 차지했다. 그만큼 평범한 직장인들도 외모가 삶에 미치는 영향이 크다고 여긴다는 뜻이다.

'외모'라는 이야기만 들어도 뒷걸음질 치는 경우가 있다. 아무도 말리지 않았는데 스스로 자신을 포기하는 것이다. 이는 앞서 예로 든 크고 작은 외모 트라우마나 외모 비판자들로 인해 학습된 무기력이 생긴 탓이 클 것이다. 그럼에도 불구하고 당신은 이 책을 선택했고, 그 안에는 좀 더 나은 자신이 되고 싶다는 마음이 담겨 있다고 생각된다. 그런 당신에게 말해 주고 싶다. 당신이 자신을 포기하지만 않으면 반드시 변하게 될 것이라고 말이다.

성취된 매력이 타고난 매력을 이긴다

전 런던정치경제대학 사회학과 교수인 캐서린 하킴에 따르면 매력은 대체로 성취된 특징이라 할 수 있다. 프랑스에서는 '벨르 레이드belle laide'라는 말이 있는데, 여기에서 belle는 프랑스어로 '아름다운' laide는 '추녀'라는 뜻으로, 다시 말해 '아름다운 추녀'라는 뜻이다.

'벨르 레이드'는 얼굴은 평범하지만 패션이나 애티튜드를 통해 매력을 드러내는 여성을 말한다. 우리나라의 경우

배우 공효진 씨 같은 사람이라고 생각하면 쉽다. 우리는 김태희 씨를 보면서는 '얼굴이 다했다'라고 말하지만 공효진 씨에게는 항상 '스타일 좋다'라는 말을 한다. 그리고 '로코 여신' '사랑스럽다'라는 수식어를 다름 아닌 여성들에게서 듣는다. 그만큼 '공효진'이라는 사람은 동성에게도 매력적으로 느껴지는 것이다. 그녀가 사람들에게 사랑을 받는 큰 이유 중 하나는 언제나 자신만의 스타일을 유지하며 철저한 관리로 매력을 뽐낸다는 것이다. 이렇듯 자신에게 어울리는 스타일을 다양하게 시도하고, 자신을 가꾸려고 '노력'해서 얻게 된 외모가 성취된 매력의 특징이라 할 수 있다. 이렇게 매력을 성취하는 것은 어느 정도의 시간과 노력이 필요하기에 성취된 미인은 적을 수밖에 없다.

그래서 우리에게는 희망이 있다. 왜냐하면 상대적으로 성취된 미인은 적고, 우리는 외모력 훈련을 통해서 아름다움을 얻을 수 있기 때문이다.

콤플렉스를 강점으로
사람이 아무런 콤플렉스를 느끼지 않는다면 변화할 일

이 얼마나 있을까? 나의 경우에도 학창 시절부터 겪어 온 외모 콤플렉스 때문에 그것을 관리하는 법을 익혀 가다 보니 어느새 지금의 직업을 가지게 되었다. 당신도 자신의 외모 콤플렉스를 외면하는 것이 아니라 직면하고 그것을 잘 다룰 수 있는 법을 익힌다면 스스로의 매력을 드러내는 데에 자신감이 생길 것이다.

이제부터 내가 이미지 컨설팅을 통해 많은 사람들의 외모력을 향상시킨 과정을 가감 없이 공개할 것이다. 나만의 외모력을 가질 수 있다는 믿음을 가지고 한 단계씩 적용해 보자. 자신의 내면을 단단히 하고, 외모의 강점을 드러내고, 그에 걸맞은 태도까지 갖춘다면 타고난 매력을 넘어서는 당신만의 외모력을 갖추게 될 것이다.

4장

외모력 이렇게 찾아라 1: 내면 리디자인

나 자신을 이해하는 것부터 시작하라

사람이 변화하려면 크게 두 가지 관문을 통과해야 한다. 하나는 내면의 문이고 다른 하나는 외면의 문이다. 이번 장에서는 내면의 관문을 통과하는 스킬을 알려 줄 것이다.

예전에 싸이월드라는 플랫폼이 있던 시절, '백문 백답'이라는 것이 유행했었다. 자기 자신에게 백 가지 질문을 던지고 그에 따른 답변을 적는 것이다. 이 방법은 사람들이 자신에 대한 이해를 하는 데에 많은 도움을 주었다. 평소에 생각지 못하던 부분을 떠올리게 되었기 때문이다.

나도 컨설팅 시에 참여자에게 질문을 많이 던지는데, 그 이유는 내 질문에 답변하지 않더라도 자기 스스로 생각해 볼 수 있기 때문이다.

짜장면이냐 짬뽕이냐라는 단순한 물음에도 대답하기 힘든 그야말로 내 취향을 잘 모르는 사람이라면 스스로에 대해서도 잘 모르고 있을 확률이 높다. 이번 장을 차근차근 진행하면서 자신에 대해서 알아가 보도록 하자.

나 자신과 대화하기: 모든 답은 내 안에 있다

지금은 다른 누구도 아닌 당신 자신과 대화할 시간이다. 아래 문항에 대해 깊이 생각해 보고 적어 보길 바란다. 그렇게 하면 당신이 외모력 향상을 계획하고 적용할 때에 참고할 만한 유용한 정보가 생길 것이다. 단, '아무런 제약이 없을 때'라고 가정하고 솔직한 답변을 적길 바란다. 그 안에 당신의 욕구가 있을 것이기 때문이다.

> **나와의 대화를 위한 질문**
> - 당신의 인생 목표는 무엇인가?
> - 그 목표를 언제 이루고 싶은가?
> - 그 목표를 달성하는 데 당신의 외모는 어떤 역할을 할까?

- 나는 타인에게 어떻게 보이길 원하는가?
- 나는 나 자신에게 어떻게 보이길 원하는가?

이 질문에 대답하기가 어렵다면 그런 당신에게는 '셀프 스몰토크 기법'을 추천한다. 자기 자신과의 사소한 대화를 하는 것이다. 예를 들면 나는 이렇게 한다.

"도은아, 너 초코우유가 좋아 딸기가 좋아?" "도은아, 너는 무슨 음악을 좋아해?"와 같이 사소한 질의응답을 자주 주고받는 것이다. 자신과의 대화가 익숙한 사람은 타인에게서 답을 얻지 않아도 된다. 모든 답은 내 안에 있기 때문이다. 당신도 자기 자신에게 사소한 관심을 가져 보아라. 그러면 그 관심은 자신감이라는 큰 자산으로 돌아올 것이다.

자화상에 숨겨진 비밀

 사람들에게 자기 자신의 외모에 대해 설명해 보라고 하면, 대다수가 단점에 대해 이야기한다. "나는 키가 작아요." "쌍꺼풀이 없어요." "코가 낮아요." "하체비만이에요." 등이다.

 외모의 모든 부분이 맘에 든다고 하는 사람은 극히 드물다. 그리고 공통적인 특징은 실제 그 부위의 모습이 그들의 말처럼 심각한 문제를 안고 있지 않다는 것이다. 컨설팅을 하다 보면 누가 봐도 아름답다고 느낄 정도로 완벽해 보이는 사람조차 스스로에 대한 신체상이 부정적인 경우가 있다.

 그렇다면 당신은 자기 자신을 어떤 시선으로 바라보

고 있는가?

자화상 그려 보기

자화상에는 해결되지 않은 욕구와 욕망이 숨어 있다. 외모뿐만 아니라 생활에서의 만족과 불만족도 고스란히 나타난다. 말로 표현을 잘 못하는 사람도 그림 속에는 자신의 마음이 드러나기 마련이다. 그래서 내가 진행하는 내면 이미지 컨설팅에서는 자화상을 그려 보는 시간이 있다. 이 과정에서 실제로 자화상을 그리며 드는 여러 가지 감정 때문에 웃거나 우는 수강생들이 많다.

이제부터 자화상을 그려 보자. 이 책에서 말하는 자화상 그리기는 당신의 그림 실력과 아무 상관이 없다. 그저 편하게 자신의 전신을 그려 보자. 준비물은 A4용지와 연필, 지우개면 충분하다.

또한 이 작업에서 그림의 완성도는 중요한 부분이 아니다. 당신이 그림을 그리며 느꼈던 감정이 중요하다. 당신이 자신의 신체 부위 하나하나를 그려 나갈 때의 그 마음 말이다.

눈을 그리는 순간 스스로의 반짝이는 장점을 발견할 수도 있고, 코를 그리다 보면 낮은 코에 대한 열등감이 떠오를 수도 있다. 어떤 감정이든, 그 흐름을 있는 그대로 기억하라. 그리는 순간순간 내가 나 자신에 대해 느끼는 감정을 오롯이 느껴 보고 적어 놓길 바란다.

그림을 그리는 과정은 보이지 않는 것을 보이도록 하는 것이라는 점에서 의미가 있다. 실제로 당신이 당신과 얼마나 흡사하게 그렸는지는 전혀 중요하지 않다. 다만 당신이 갖고 있는 자신에 대한 생각들을 꺼내 놓는 것이 중요하다. 자 이제 시작해 보자.

자화상 그리기 가이드
- A4용지에 자화상을 그려 보자.
- 스스로 생각하는 전신 모습을 최대한 자세하게 그려라.
- 신체 부위별로 느껴지는 감정을 적어 보자.
 (예: 눈, 코, 입, 귀, 턱, 목, 몸통, 가슴, 배, 허리, 엉덩이, 팔, 손, 다리, 발, 머리카락 등등)

자화상을 그리고 신체 부위에 대한 느낌을 적어봄으로써, 당신이 스스로를 어떤 시선으로 바라보고 있는지 알 수 있었을 것이다. 그리고 가능하다면 믿을 수 있는 사람에게 당신의 자화상을 보여 주고 실제 당신의 모습과 얼마나 일치하는지 물어보아라. 그리고 다른 사람들의 의견도 적어 보아라. 단, 습관적으로 나쁜 말만 일삼는 사람의 의견은 피하도록 한다. 그들은 마치 하이에나처럼 농담이라는 말로 자신의 더러운 생각을 포장하려 들기 때문이다.

내가 진행하는 소규모 그룹 이미지 컨설팅에는 자화상을 그리고 왜 자신을 그렇게 그렸는지 설명하는 시간이 있다. 그리고 그림을 본 사람들은 의외의 대답을 내놓는다. 실제 보이는 모습과 많이 다르다는 것이다.

"○○ 님은 얼굴 엄청 작은데 크게 그리셨네요."

"종아리 알이 크지 않은데 다리를 너무 굵게 그렸어요."

"실제로는 그렇지 않아요."

우리나라 여성들의 경우 얼굴형에 대한 민감도가 높은 편이다. 그래서 높은 위험에도 불구하고 안면윤곽 수술이 인기를 끌고 있는지도 모르겠다. 그 마음은 자화상에서도 고스란히 드러난다.

두드러진 광대, 심하게 튀어나온 아래턱, 사각형으로 표현된 얼굴 등 실제보다 과장되게 자신의 얼굴을 표현한다. 캐리커쳐도 아닌데 말이다.

자화상 그리기의 목적은 나의 아름다운 부분을 스스로 인식하는 것이다. 내가 신체의 어느 부분을 불편하게 느끼는지, 그리고 그 부분을 어떻게 다뤄야 할지 알아보기 위함이다.

당신은 당신이 생각하는 것보다
더 아름답다

도브라는 브랜드에서 〈Real Beauty Sketches〉 캠페인 광고를 방영한 적이 있다. '당신은 당신이 생각하는 것보다 더 아름답다You're more beautiful than you think'는 주제의 3분짜리 영상이었는데 내용은 다음과 같다.

10년 이상 경찰국에서 근무한 법의학자가 여성들의 진술만을 의지해 그녀들의 모습을 그려 주는 것이었다. 그림 작업은 두 가지 방식으로 진행되었다.

첫 번째 그림은 "당신의 턱에 대해 말해 주세요. 당신 얼굴의 두드러진 특징은 무엇인가요?" 등 얼굴에 대해 법의학자가 질문하면 여성들이 자신의 얼굴이 어떠한지 말하고, 그 내용을 기반으로 법의학자가 초상화를 그려 주는 방식이었다. 두 번째로는, 다른 사람들이 여성을 관찰한 후 진술한 내용을 바탕으로 초상화를 그리고, 그 그림을 첫 번째 그림과 비교해 보았다. 과연 어떤 결과가 나왔을까?

그 여성이 자신을 표현한 말로 완성한 첫 번째 초상화는 다른 사람의 의견이 반영된 두 번째 초상화에 비해 훨씬 못생겨 보였다. 즉, 다른 사람들이 보기에는 충분히 아름다운 모습인데, 정작 자신은 못생겼다고 생각한 것이다.

이런 일이 광고 속에서만 일어나는 것은 아니다. 앞서 언급했던 이미지 컨설팅 그룹과정에서도 참가자의 90% 이상이 자신의 실제 모습보다 자화상을 못생기게 그린다.(그림 실력 제외) 자신의 하체가 통통하다고 느끼는 사람들은 실제보다 허벅지와 엉덩이를 더 크게 그리고, 아래턱이 커서 콤플렉스인 사람은 아래턱을 더 과장해서 그린다. 이것은 신체 자아상이 왜곡된 상태로, 자기 스스로 자신의 얼굴과 몸을 바라보는 시선이 부정적인 경우가 많다는 것이다.

그리고 자화상을 완성한 후 그림에 대해 설명하도록 했을 때에도 생각보다 많은 사람들이 의외의 말을 꺼낸다. 다음은 나와 수강생의 대화 내용이다.

수강생   저는 얼굴도 크고, 코도 낮고, 눈도 작고, 배도 처졌고….

나   일반적으로 보이지 않는 부분이라도 (예를 들면 배꼽처럼) 본인이 생각하기에 가장 자신 있는 신체 부위가 어디인가요?

수강생   (싱긋 미소 지으며) 아! 사람들은 잘 모르지만 저는 손가락이 예뻐요. 어려서부터 손 모델 해 보라는 소리 많이 들었어요.

나   그래요. 그 손을 보듯 자신의 모든 몸을 바라봐 주세요. 그러면 온몸에 자신감이 넘쳐 날 거예요.

이미지 컨설팅 시 수강생들에게 꼭 해 주는 이야기가 있다.

"저는 당신의 현재 모습을 보는 것이 아니라 컨설팅 후의 당신, 최상의 모습인 당신을 봅니다. 당신은 당신이 생각하는 것보다 훨씬 멋지고 아름다워요."

나는 누굴 보든 그 사람의 아름다운 점이 보인다. 내게 보이는 것들이 당신에게도 보였으면 좋겠다. 당신은 당신이 생각하는 것보다 훨씬 아름다우니까 말이다.

언제나 자신을 긍정할 것

 모 스피치 학원에 승무원 면접 컨설팅 특강을 간 적이 있다. 그중에서도 눈에 띄는 수강생이 있었는데, 특강 시작 전부터 그녀의 자세는 매우 불량했다. 의자에 등을 기댄 채 다리를 꼬고 팔짱을 낀 그녀의 모습은 마치 본인은 이런 수업 들을 필요 없다는 것으로 느껴졌다. 그 기관 강사님의 말에 따르면, 다른 수업을 들을 때도 한결같이 거만한 태도를 보인다고 했다. 특강을 마친 후 진행된 개별 면담에서, 그녀는 이렇게 말했다.

 "저는 정말 긍정적인 성격이에요. 그래서 무슨 일이든 좋게 생각하죠. 어차피 저는 어떻게든 합격할 테니까요. 제 사주를 보니 승무원이 될 운명이래요. 올해 합격운도 있고요. 그래서 긍정적으로 생각하려고요."

그녀의 말을 듣고 나는 속으로 피식 웃었다. '그런 태도로 어떻게 면접에 합격하겠나'라는 마음이었다. 아니나 다를까 추후에도 그녀의 합격 소식은 들을 수 없었다.

간혹 아무것도 하지 않고 '좋게만 생각하면 다 된다.'라고 생각하는 사람들을 보게 된다. 그런데 그게 과연 맞는 이야기일까?

국내 긍정심리학의 대가인 채정호 교수는 긍정에 대해 이렇게 말했다.

"긍정이란 무턱대고 좋게 생각하는 것이 아니라 그렇다고 '인정하는' 것이다. 있는 그대로의 삶을 현실적으로 받아들여서 자신이 할 수 있는 일을 찾아 하는 것, 그것이 진정한 긍정이다."

진짜 긍정은 자신이 할 수 있는 일을 찾아 하는 것

나이는 이미 서른이 넘었고, 키도 150대 초반인 은화 씨의 이야기다. 30대가 된 은화 씨는 승무원이 되고 싶었다. 그런데 그 이야기를 듣고 가족과 친구들 모두 코웃음을 쳤다. "키도 작은 게 무슨 승무원이야?"라며 말이다. 게다가 새해를 시작하는 좋은 마음으로 신년운세를 보러 갔던 점집에서 '너는 절대 합격할 수 없다'라는 말까지 듣게 되었다. 속이 상할 대로 상한 그녀는 원하는 답을 얻기 위해 온 동네 점집을 다 돌아다녔다. 사주, 신점, 타로 할 것 없이 족히 백 군데는 다녀 보았지만 어디서도 승무원이 될 수 있다는 이야기를 들을 수가 없었다. 모두 포기하라는 말뿐이었다.

그러다 '나는 꼭 승무원이 되고 말 거야!'라는 열망을 갖고 들어간 승무원 학원 첫 영어 수업에서 충격적인 일을 겪게 되었다. 강사가 학생들에게 말했다.

"Tell me about yourself."

은화 씨는 아무 대답도 할 수 없었다. 전혀 알아듣지 못했기 때문이다. 수강생으로 꽉 찬 교실에서 대답을 하지 못한 건 오직 은화 씨뿐이었다. 은화 씨는 승무원이 되고 싶다는 욕구만 있었지, 승무원이 되기 위해 어떤 준비가 필요한지 생각하지 못한 것이다. 그 계기로 은화 씨는 자신의 현재 상황에 대해 다시 생각해 보게 되었다. 키는 바꿀 수 없는 것이고, 그녀가 가고 싶은 외국 항공사에서는 영어 실력이 필수로 요구되었다. 한국에서 학원을 다녀서는 단기간에 영어 실력을 올리기 쉽지 않아 보였다. 외국에 나가 현지인들과 소통하며 빠르게 영어를 배워야겠다는 생각이 들었다. 그길로 은화 씨는 호주로 워킹홀리데이를 떠났고, 일부러 한국인이 전혀 없는 외딴 농장에서 영어권 나라의 사람들과 지내며 영어 실력을 키웠다. 그렇게 그녀는 모두의 예상을 깨고, 서른이 넘은 나이에 외항사 승무원으로 당당히 입사했다.

은화 씨는 앞서 승무원 학원의 그녀처럼 아무것도 하지 않으면서 긍정을 외친 게 아니라, 실제로 자신이 무엇을 할 수 있을지 생각하고 행동했다. 심지어 모든 사람이 '너는 안 될 거야'라고 했지만 자기 스스로 자신을 믿어 준 것이다. 이것이 진정한 긍정이다.

당신도 멋지게 변하고 싶다면 자신을 있는 그대로 바라보자. 그리고 무엇을 할 수 있는지 생각해 보자. 무엇을 할지 찾기 어렵다면 이 책의 팁들을 참고하여 하나씩 할 일 리스트를 만들고 실천해 보자.

그것이야말로 기분만 좋으면 된다는 가짜 긍정이 아니라, 진정으로 당신을 긍정하는 일이 될 것이다.

지금까지 당신 자신을 이해하고 긍정하는 것의 중요성에 관해 이야기했다. 이제부터는 당신 내면에 뿌리 깊은 부분까지 끌어내어 근본적으로 외모력을 회복하는 방법들을 알려 주도록 하겠다.

지금 당장 꼬리표를 떼라

누구나 외모와 관련된 별명 하나쯤은 있을 것이다. 물론 타고난 외모로 '○○동 여신' '○○구 얼짱'과 같은 신성한 별명을 갖고 있으면 참 좋겠지만, 불릴 때마다 자신을 더욱 초라하게 만드는 경우도 적지 않다. 만약 별명이 당신에게 상처를 입히는 요소라면 단호하게 외면하자.

누구나 흑역사는 있다: 별명이라는 꼬리표의 시작

나의 흑역사는 초등학교 졸업앨범에 남아 있다. 헤어젤을 한껏 묻혀 빗어 넘긴 머리에 넓은 이마가 광활하게 펼쳐져 있고, 올라간 눈은 올려 묶은 머리 덕에 더 올라가 있었다. 그 사진을 본 아이들은 황비홍(홍콩영화 속 변발

캐릭터)이라며 놀려 댔고, 그 이후로 나는 20년 가까이 이마를 가리고 다녔다.

그리고 나의 중학교 시절 별명은 '처키'였다. 처키는 1990년대 초반에 개봉한 〈사탄의 인형〉이라는 공포영화의 주인공인 인형이다. 어렸을 적 갖고 놀 법한 3등신 인형으로 동그란 얼굴에 단발머리를 한 짜리몽땅한 캐릭터다. 당시 내가 다니던 중학교에는 '귀밑 3cm'라는 두발 규정이 있었다. 작은 키에 통통한 몸매, 짧은 단발머리, 올라간 눈, 그리고 이마를 가리기 위한 앞머리까지 친구들이 보기에 나는 딱 '처키' 같았나 보다. 그렇게 나의 별명은 처키가 되었고, 그게 나의 중학교 시절 꼬리표가 되었다. 조금만 짜증을 내도 '역시 처키다.' '죽일 것 같은 표정이다.' '살기가 느껴진다.' 등 외모에 민감한 10대 사춘기 소녀에게는 부정적인 신체 자아상이 생길 법한 이야기들이 따라붙었고, 그 별명은 고등학교 때까지 이어졌다. 결코 내가 원한 것은 아니었다.

고등학교 때 같은 반 친구 중, 일명 '살토'라고 불리는 아이가 있었다. '토할 정도로 살이 쪘다.'라는 뜻으로 다른 아이들이 붙인 별명이다. 성인이 된 후 그 아이를 만난 적이 있는데 다이어트에 성공한 모습이었다. 키도 커서 모델처럼 보였다. 그런데도 그 아이는 아직도 자기가 뚱뚱하게 느껴진다고 했다. 그 이유인즉슨, 자기는 '살토'이기 때문이란다. 그 모습을 보면서 나와 마찬가지로 그 아이도 원치 않은 부정적인 꼬리표 때문에 자신의 외모를 부정적으로 바라보게 되었다는 것을 알게 되었다. 이런 일을 겪게 되는 건 비단 우리 둘뿐만은 아닐 것이다.

오크녀라는 이름의 꼬리표

몇 해 전 겨울, 외모 때문에 학교에 가기 힘들어하는 고등학생 딸을 둔 엄마가 나를 찾아왔다. 딸의 이름은 선아였다.

"와, 오크 왔다 오크녀다. 쟤 봐 꼭 생긴 게 냄새나게 생겼어. 돼지처럼 생겨서 숨 쉴 때마다 고기 굽는 냄새난다. 웃을 때 잇몸 보이는 거 봐 봐. 징그러워."

그 말을 들은 선아가 기분 나쁘니 그만하라고 하면 어김없이 이런 대답이 돌아왔다.

"별거 아닌 거로 짜증 내는 거 보니까 성격까지 나쁘네. 오크녀가 열등감 폭발하는 거 보소."

또다시 수치스러운 말을 듣지 않기 위해, 고등학생 선아는 단 하루도 다이어트를 멈출 수 없었다. 즐거운 순간에도 마음 놓고 웃지 못하고, 늘 입을 가리며 웃는 것이 일상이 되었다.

그런데 이상하게도 다이어트를 결심한 순간부터 배는 더욱 고파 왔다. 바로 심리적 허기 때문이다. 외모에 대한 부정적인 논평이 폭식증을 유발한다는 연구결과도 있다. 선아는 외모 때문에 괴로울 때마다 먹고 또 먹었다. 그러다 살찔까 봐 걱정되면 토하기를 반복했다. 결국 학교까지 못 나가는 지경에 이르러서야 나를 만나러 왔다. 나는 그런 선아와 함께 새로운 이름을 만드는 작업을 시작했다. 다른 사람들이 붙인 이름이 아니라 선아가 불리고 싶은 이름으로 말이다. 그리고 외모력을 향상시키기 위한 일련의 과정들을 진행했다. 그 과정을 통해 자신감을 회복한 선아는, 지금은 다니고 있는 대학에서 '캠퍼스 여신'으로 불리며 학교 모델로도 활약하고 있다.

나의 이름은?

당신의 이름은 무엇인가. 우린 태어나면서부터 이름 하나 내 마음대로 선택하지 못했다. 그런데 이제 개명도 할 수 있는 시대가 되었다. 하물며 법적으로 이름도 바꿀 수 있는 세상인데, 고작 남들이 세 치 혀로 붙여 놓은 별명 하나쯤 바꾸는 게 뭐 그리 대수란 말인가. 물론, 그것조차 스스로 나아지고자 하는 의지가 있어야 가능한 일이다.

사람은 누구나 자신만의 기준으로 타인을 본다. 그래서 당신에게도 자신만의 분류법으로 이름표를 붙였을 것이다. 각종 별명과 뚱뚱한 애, 코끼리, 못생긴 애, 오크, 멸치 등을 말이다. 이젠 그것을 떼어 내자.

꼬리표 떼기
- 빈 종이를 준비하여 원치 않았음에도 당신에게 붙은 꼬리표를 써 보자. 정말 사소한 것까지 모두 적어야 한다.
 (예: 황비홍, 처키, 독한 애, 무서운 애, 돼지, 난쟁이 등등)
- 다 적었다면 꼬리표를 적은 종이를 잘게 찢거나, 문서파쇄기에 넣거나, 불태워 버려라.

이것은 당신의 마음속에서 그것들을 떼 버리는 의식적인 행동이다. 틈틈이 그 꼬리표들이 떠오를 때마다 떼 내어라. 새 옷을 사면 택부터 떼고 입는 것처럼 새로운 당신으로 도약하기 위해 모든 꼬리표를 떼어 내라.

나 역시 꼬리표를 떼고 난 후 달라졌다. 그렇게 외모라면 자신 없던 내가, 사람들의 외모를 좋게 만들어 주는 일을 하고 있지 않은가. 그리고 많은 사람들이 나를 통해 아름다워지고 행복해졌다고 말한다. 나는 이 책을 통해서 당신이 자신만의 이미지 컨설턴트가 되면 좋겠다. 당신이 아름다운 순간, 당신이 되고 싶은 모습으로 스스로를 컨설팅해 나가자. 평생 나를 데리고 살 사람은 가족도 친구도 아닌 나 자신뿐이니까 말이다.

내가 불리고 싶은 이름을 적어 보자

〈내 이름은 김삼순〉이라는 드라마가 2024 리메이크로 방영되었다. 극 중에서 김삼순은 촌스러운 이름 때문에 자신의 삶이 고달파지고, 파티셰라는 직업도 잘 풀리지 않는다고 느낀다. 그래서 다른 사람에게 자신을 소개할 때는 김희진이라고 이름을 속인다. 그런 김삼순에게도 삼순이라는 이름이 좋다고, 그 자체로 널 사랑한다고 말해 주는 남자가 나타났다. 언제든 기회만 되면 개명할 결심을 했던 김삼순은 자신을 있는 그대로 바라보고 사랑해 주는 사람 덕분에 개명하지 않겠다는 다짐을 한다.

이렇게 김삼순처럼 주변에서 나를 소중하게 불러 주는 사람이 있다면 가장 좋지만, 그렇지 않다 하더라도 우리는 스스로 자신을 아름답게 불러 줄 수 있다.

단순히 이름을 바꾸라는 것이 아니다. 내가 불리고 싶은 타이틀을 적어 보자. 그리고 그 이름을 들었을 때 나의 기분은 어떠할지 떠올려 보자.

'우아한 ○○, 사랑스러운 ○○, 행복한 ○○, 미소가 아름다운 ○○'

5장

외모력 이렇게 찾아라 2:
외면 리디자인

첫인상은 외모가 전부다

첫인상은 감각으로 결정된다

당신도 첫인상의 중요성에 대해 들어 본 적이 있을 것이다. 우리는 면접이든 소개팅이든 여러 상황에서 좋은 첫인상을 보여 주기 위해 많은 노력을 한다. 첫인상은 왜 중요한 걸까?

미국 프린스턴대학교의 연구에 따르면 한번 결정된 첫인상을 다시 바꾸는 데는 40시간이 필요하다고 한다. 어떤 사람을 만나서 40시간 이상을 함께할 수 있는 사이라면 첫인상에 대해 신경 쓰지 않아도 되겠지만, 그렇지 않은 특수한 상황(예를 들면 면접, 소개팅 등)이라면 이야기가 달라진다. 단 한 번의 만남으로도 관계가 결정될 수 있기 때문이다. 그러므로 우리는 첫인상을 잘 관리해야 한다.

첫인상은 외모가 전부다

심리학자 앨버트 메라비언의 연구를 보면, 인간의 감정 전달에서 시각적인(외면) 요소가 무려 55%의 비율로 절반 이상을 차지하는 것으로 나타났다. 이를 통해, 사람을 판단하는 데에 외모가 전부는 아니지만 매우 중요한 부분이라는 것을 알 수 있다. 그 이유는 첫인상이 결정되는 시간 때문이다.

그렇다면 첫인상이 결정되는 시간은 얼마나 걸릴까? 첫인상을 판단하는 시간이 넉넉해서 당신의 내면이 얼마나 아름다운지 보여 줄 수 있을 만큼 충분하면 좋겠지만, 아쉽게도 첫인상이 결정되는 시간은 고작 0.1초다. 낯선 사람의 모습을 매력도, 호감도, 신뢰도, 유능감, 공격성의 다섯 가지 요소로 평가하게 했을 때 0.1초 보았을 때 평가한 내용이 시간 제약 없이 보았을 때 평가한 내용과 크게 다르지 않았다는 연구결과가 있다. 한마디로 0.1초면 첫인상을 판단할 수 있다는 뜻이다.

그리고 앞서 말한 것처럼 이 첫인상을 바꾸는 데에는 40시간 이상이 소요된다.

이 정도면 '첫인상=외모'라는 표현이 과하지 않다는 것을 알 수 있을 것이다.

이번 장에서는 자신이 가진 외모의 강점을 활용해 감각적으로 표현하는 방법을 알려 줄 것이다. 천천히 따라 해 보도록 하자.

패션의 완성은? 얼굴을 관리하라

"패션의 완성은 얼굴이다."라는 말을 들어 본 적이 있는가? 누군가 '외모'에 대해 이야기를 한다면 가장 먼저 떠오르는 부분은 바로 얼굴일 것이다. 왜냐하면 외모 중에서도 시선이 가장 오래 머무르는 곳이 바로 얼굴이기 때문이다.

얼굴은 우리의 여러 모습 중 가장 먼저 다른 사람에게 보이는 부분이다. 그래서 우리는 사람의 얼굴을 통해 그에 대한 여러 가지 정보를 유추하게 된다. 나보다 나이가 많은지 적은지, 성격이 외향적일지 내향적일지 등. 중요한 점은 그것이 사실 여부와 관계없이 일어난다는 점이다. 그러므로 다양한 사람들과 함께 살아가는 사회에서 당신이 외모력을 효과적으로 발휘하기 위해서는 얼굴을 잘 관리해야 한다.

관상은 과학이다?

연일 뉴스를 장식하는 흉악범죄 범인들의 몽타주가 올라올 때면, 사람들은 재빠르게 댓글을 단다. "역시 관상은 과학이야." 연예인이 마약을 복용한다거나 성 추문에 휘말렸을 때도 사람들은 말한다. "내가 저놈 눈빛 이상할 때부터 알아봤지. 얼굴빛이 어둑어둑하고 퀭할 때부터 왠지 음흉해 보였어."라고.

사람들은 얼굴을 통해 수많은 정보를 얻는다. 그동안 자신의 삶 속에서 보아 오고 겪어 왔던 것들에 착안해서 말이다. 사람의 얼굴은 그의 건강뿐 아니라 나이나 성격까지 짐작게 한다. 그래서 예나 지금이나 사람들이 관상이라는 것에 관심을 두는 것이 아닐까.

강의 시간에 "관상에서는 얼굴의 어느 부분이 가장 중요할까요?"라고 물으면 많은 사람이 "눈이요." "코요." "턱이요." 등 이목구비의 한 부분이 중요하다는 대답을 많이 한다. 그러나 그들이 놓치고 있는 부분이 있다. 바로 피부의 빛깔이다. 낯빛이 어두운 사람을 보며 '와 저 사람 건강 좋아 보이네. 아주 성격이 활기차 보여요'라고 하는 사람은 거의 없을 것이다. 반대로 피부가 매끈하고 탱탱하고 윤기나는 피부의 사람을 보고 '저 사람 참 인생 힘들게 살았나 보네'하는 경우도 잘 없을 것이다. 실제로 얼굴 이미지로 나이를 판단하는 가장 중요한 요소는 눈과 입술의 크기에 관계없이 피부톤의 균일성이라는 연구결과도 있다. 그러니 이제부터는 피부에도 관심을 가져 보자.

말하는 대로 된다? 듣는 대로 된다!

신영 씨는 어려서부터 다크서클이 심했다. 푹 자고 나온 날에도 직장동료들의 아침 인사는 '어제 잘 못 잤어?'로 시작된다. 친구들을 만나도 마찬가지다. '너 요새 피곤해? 어디 아파?'라는 말은 신영 씨의 삶에서 떼어 놓을 수 없는 말이다. 그런데 이런 말들을 하도 듣다 보니 신영 씨는 자신도 모르는 사이에 피곤하고 힘이 없는 사람이 되어 있었다. 거울을 봐도 '아 나 피곤한가, 어디 안 좋나' 하는 생각만 들고 남자친구를 만나도 생기 없어 보일까 봐 고민하는 날들이 많아졌다. 사람은 어떤 환경에 놓여 있는지가 중요하다고 했다. 안 좋은 얘기를 계속 듣게 되면 실제로도 자신감이 하락할 수 있다. 그래서 우리는 긍정적 피드백을 들을 수 있는 환경을 만들어야 한다. 그 방법이 바로 외모력을 키우는 것이다. 좋은 말을 듣기 위해, 타인의 인정만을 받기 위해 사는 것은 아니지만 말에는 힘이 있다. 그래서 좋은 말을 많이 듣고 자란 식물은 그렇지 못한 식물에 비해 더 잘 자란다는 실험 결과도 있지 않은가. 하물며 식물도 그럴진대 인간은 말에 얼마나 많은 영향을 받을까. 그러니 좋은 안색을 갖는 습관을 길러 좋은 소리 한 번 들어 보자.

피부는 유전이라던데

'피부는 관리하기 나름이다'라고 말해 주면 참 좋겠지만, 아쉽게도 피부는 유전적인 요소가 많다는 게 피부과 전문의들의 이야기다. 한 유명 피부과 의사는 방송에서 "피부는 유전이 맞습니다. 여러분이 보는 화장품 광고의 모델들이 그 화장품을 써서 그렇게 된 줄 아십니까? 아닙니다. 그 사람들 부모님이 잡티 안 생기고 술 마셔도 트러블 안 올라오는 좋은 피부를 물려주신 겁니다."라고 말했다.

2025년 트렌드 중 하나가 '안티에이징'이다. 예전에는 안티에이징이라고 하면 나이 많은 사람들이 동안처럼 보이는 것을 말했는데, 요새는 '얼리 안티에이징' 개념으로 가고 있다. 피부과에는 피부 노화를 미리 예방하고 건강한 피부를 유지하려는 20~30대들이 줄을 서 있다. 아직 노화가 찾아오지 않은 사람들조차 피부의 중요성을 알고 관리하고 있다는 뜻이다.

그렇다면 피부가 타고나지 않은 사람은 희망이 없는 걸까? 앞서 언급했지만 나는 20대 초반까지만 해도 여드름이 많은 피부였다. 한데 지금은 잘 모르는 사람이 다가와 무슨 화장품을 쓰냐고 물어볼 정도로 피부 상태가 좋다. 이처럼 피부가 좋게 타고나지 않았더라도 적절한 관리를 통해 내가 가질 수 있는 최상의 피부 상태를 유지할 수 있다. 이제부터 내가 알려 주는 피부 관리법을 따라 하면 당신도 최상의 피부를 만날 수 있을 것이다.

피곤해도 생기 있어 보이는 얼굴 관리법

20대 초반, 압구정동에 유명하다는 모 피부관리실에 방문한 것이 내 피부 인생의 전환점이 되었다. 피부관리실에서는 나에게 수분 보충을 권하며 고무팩(모델링팩)을 해 줬는데, 그날 이후 이전에 느껴 보지 못했던 얼굴 피부의 통증이 생겼다. 얼굴에 뭘 발라도 따가웠고, 건조해서 당기는 느낌이 계속되었다. 그 이후 첨가물이 최소한으로 들어간 어린이용 크림만 바르기 시작했고 통증이 가라앉는 데에 1년이라는 시간이 걸렸다. 그 당시 생활습관을 바꾸면서 오히려 이전보다 좋은 피부 상태가 되었는데 그 방법을 공유하려고 한다.

① 물 '잘' 마시기(커피 끊기)

피부가 좋아지려면 물을 마셔야 한다는 이야기는 많이 들어 봤을 것이다. 그러나 생각보다 많은 사람들이 물을 '어떻게' 마셔야 하는지는 잘 모른다. 그래서인지 주변 여성들을 보면 허브 다이어트 제품 구입 시 증정하는 1리터짜리 텀블러에 물을 가득 담아 한 번에 마시는 모습을 심심

치 않게 볼 수 있다. 그런데 그렇게 물을 한꺼번에 마시면 위가 늘어날 뿐만 아니라 신장에도 악영향을 끼칠 수 있다. 좋은 피부를 위한 물 마시기는 한 시간에 한 컵 정도의 물을 시간마다 마시는 것이다. 하루 여덟 잔 정도가 성인 적정 권장량이니 시간에 맞춰 마셔 보길 바란다. 그러면 몸에서 흡수할 수 있는 적정 용량이 채워지면서 위도 늘어나지 않을 것이다.

마시는 물의 종류 역시 중요하다. 특히 일부 음료나 차는 이뇨작용을 강하게 유발할 수 있으므로 주의가 필요하다. 이 경우 오히려 몸에 있는 수분까지 빠져나가 피부가 더 건조해질 수 있으므로, 아무것도 섞이지 않은 물을 마시는 것을 권한다. 실제로 피부 고민이 많은 수강생들에게 일주일간 커피를 끊어 보도록 권했는데 절반 이상이 피부가 맑아지는 것을 느꼈다고 한다. 커피를 자주 마시는 사람이라면 커피를 줄여 보는 것도 추천한다.

② 술은 적당히

내가 피부관리를 한창 할 때는 술은 입에 대지도 않았다.

술을 마시게 되면 혈관이 확장되어 홍조와 모공이 심해진다. 물론 타고난 피부에 주당인 사람들도 많지만 나는 타고난 피부가 아니기에 피부 상태에 영향을 끼칠 수 있는 술은 되도록 멀리했다. 당신도 얼굴이 자주 붉어지거나 모공이 큰 편이라면 술을 좀 줄여 보길 바란다.

③ 다이어트는 천천히

갑자기 살을 빼면 체중계에 올라갈 때는 기분이 좋지만, 변화된 얼굴에는 만족하지 못하는 경우가 많다. 왜냐하면 급격한 체중감소는 피부의 탄력을 떨어뜨리기 때문이다. 나이가 들수록 얼굴 탄력이 떨어지면 동안으로 보이기는 어렵다. 당신의 소중한 얼굴 탄력을 위해 다이어트는 천천히, 느린 속도로 하길 바란다.

④ 눈 운동하기

눈을 감고 안구를 회전시킨다는 느낌으로 시계 방향으로 한 번 반시계 방향으로 한 번 돌린다. 이 운동을 해 주면 눈이 시원해지는 기분이 들면서 눈 주변까지 혈액순환

되어 안색이 맑아지는 경향이 있다. 또한, 현대인의 특성상 가까운 거리의 전자기기를 많이 보기 때문에, 틈틈이 멀리 바라보는 연습을 해 주면 좋다. 그럼에도 불구하고 눈이 많이 피로하다면 눈에 넣는 비타민을 써 보는 것도 추천한다.

⑤ **무엇보다 자외선 차단**

피부는 유전적인 요소가 많다고 했다. 출산을 해서 기미가 생겼다고 하는 사람도 있지만 출산 후에도 매끈한 피부를 유지하는 사람이 있는 것처럼 말이다. 잡티는 이미 우리의 얼굴 안에서 나올 준비를 하고 있다. 자외선이라는 요소만 만나면 언제든 출동할 준비를 한다는 뜻이다. 그러니 항상 자외선차단제를 챙겨 바르기 바란다. 메이크업 제품에 포함되어 있는 자외선 차단만으로는 한참 부족하다. 그러니 잡티 없는 피부를 원한다면 자외선차단제를 꼼꼼히 바르자.

피부관리는 꾸준한 노력과 시간이 필요하다. 그래서 노력형 미인이 적다는 이야기를 하는 것이다. 사람들은 시술

한 번으로 반짝반짝 윤이 나는 피부를 갖고 싶어 하지만, 피부는 습관이기 때문이다. 그런데 이런 관리법이 아니더라도 즉각적으로 얼굴이 좋아 보일 방법이 있다. 그게 바로 자신의 안색을 좋아 보이게 하는 컬러의 옷을 입는 것이다. 어울리는 색은 당신의 얼굴에 형광등을 켠 효과를 준다. 연예인들이 촬영할 때 반사판을 쓰듯이 말이다. 그래서 다음 장에는 당신에게 어울리는 색을 찾는 방법을 알려 주겠다. 즉각적으로 얼굴이 좋아 보이는 가장 쉬운 방법이니, 꼭 한 번 시도해 보길 바란다.

나만의 색을 찾아라

요새 MBTI 못지않게 선풍적인 인기를 끌고 있는 분야가 있는데 바로 퍼스널 컬러다. 방송에서도 자주 언급되는 분야이지만 실제로는 생소한 사람도 있을 것이다. 퍼스널 컬러란 태어나면서부터 갖는 피부색, 머리카락 색, 눈동자 색 등 타고난 신체색상과 조화를 이루는 색을 말한다.

나는 웜톤? 쿨톤?

인터넷상에 퍼스널 컬러에 대한 정보가 워낙 많다 보니, 타입별 특징을 보고 자신은 어떤 타입인지 짐작을 하는 경우가 있다. 예를 들어 내가 퍼스널 컬러를 강의하는 곳에서는 꼭 이런 질문을 하는 교육생이 있다.

"선생님 저는 웜톤인데요. (이미 본인이 자가진단 후 결론을 내린 상태) 그럼 저한테는 어떤 색이 잘 어울릴까요?"

그런데 이 교육생의 실제 결과는 쿨톤이었다. 여러 해 동안 강의를 하면서 우리나라의 여성들이 '흰 피부'에 대한 로망을 갖고 있고, '노란 피부'나 '어두운 피부'는 아름답지 않다는 인상을 갖고 있는 경우를 종종 보았다. 그러나 퍼스널 컬러는 피부색의 좋고 나쁨을 따지는 것이 아니다. 자신의 피부색을 아름답게 보이도록 하는 컬러를 찾는 것이다.

일반적으로는 노르스름한 피부를 가지면 웜톤, 붉거나 푸르스름한 피부를 가지면 쿨톤이라고 한다. 그러나 모두 그런 것은 아니다. 퍼스널 컬러는 본연의 타고난 피부색을 가장 좋은 상태로 보이도록 하는 장치이다. 그러므로 단순하게 눈에 보이는 색으로 판단하는 것이 아니라, 내 피부와 '조화'가 되는 컬러가 중요하다. 색은 가까이에 있는 색과 섞여 보이는 경향이 있는데 이를 색의 '동화현상'이라고 한다. 그런데 노르스름을 넘어서 노란 기가 너무 많은 사람이 또 노란 계열의 옷을 입으면 어떻게 될까? 누렇게 떠서 몸이 안 좋아 보이게 된다. 이런 사람은 오히려 쿨톤의 색을 가까이해서 노란 기를 조금만 빼 주어도 피부가 좋아 보이게 된다. 이런 경우를 흔히 '노란 쿨톤'이라고 한다. 한국 사람 중에는 노란 쿨톤이 많은 편이다. 그러니 '난 피부가 노란데 왜 웜톤 색을 입으면 더 칙칙해 보이지?'라고 의아해하지 않아도 된다. 피부가 하얀 사람만 쿨톤이냐고 물어보는 경우도 많은데, 우리가 볼 때 피부색이 아주 어두운 흑인들도 웜톤과 쿨톤이 있다는 사실을 알고 나면 피부 밝기와 퍼스널 컬러 타입은 관련이 크지 않다는 것을 이해할 수 있을 것이다.

퍼스널 컬러는 변하지 않는다?

간혹 교육생 중에서는 "선생님, 저 어렸을 때는 피부도 하얗고 너무 좋았는데, 지금은 쿠션 21호 쓰면 밝고 23호 쓰면 어둡고, 아무튼 칙칙해졌어요. 퍼스널 컬러도 변하나요?"라고 묻는 경우가 있다. 그에 대한 대답은 그럴 수도 있고 아닐 수도 있다는 것이다. 그러나 대부분은 잘 변하지 않는다. 피부질환이나 특수한 경우를 제외하고는, 자신이 타고 태어난 색소의 진하기가 변하는 것뿐이지 종류가 변하는 것은 아니기 때문이다. 예를 들면 피부에 노란빛이 강한 사람은 나이가 들며 짙은 노란빛이 될 것이고, 붉은빛이 강한 사람은 짙은 붉은 계열로 변하는 것이지 노란빛 피부가 붉은빛 피부로 바뀌지는 않는다는 뜻이다.

하지만 간혹 건강상의 이유로 특정 색소가 피부로 많이 보여서 몸의 상태가 드러나는 경우가 있다. 예를 들면 간이 안 좋아지면 푸른빛이 많이 돌아서 회색처럼 얼굴이 거무튀튀해 보인다. 황달의 경우 전체적으로 노란빛이 많이 돌게 된다.

먹는 음식 때문에 그런 경우도 있다. 나는 손발을 포함해 몸이 전체적으로 노란 편이다. 그래서인지 딸아이가 나를 부를 때 '옐로마미'라고 할 정도이다. 내 피부가 과한 노란빛을 띠게 된 이유는 내가 즐겨 먹는 음식에 숨어 있다. 나는 평소에 고구마를 달고 사는데, 고구마에 있는 베타카로틴 때문에 '카로틴 혈증'(혈중에 노란색을 띠는 유기화합물 카로티노이드의 일종인 '베타카로틴'이 증가하여 피부에 노란색 색소 침착이 나타나는 것)이 나타났다. 그래서 사계절 손과 발, 얼굴까지 노란빛을 띤다. 그러니 당신의 얼굴색이 변한 것 같다면 그 이유를 찾아보길 바란다. 어딘가에 반드시 원인이 있을 것이다.

나에게 어울리는 색을 찾아야 하는 이유

자신에게 어울리는 컬러를 알게 되면 여러 가지 장점이 있는데, 그중에서도 가장 큰 장점은 바로 안색이 좋아 보인다는 것이다.

앞에서 좋은 인상, 그리고 뭔가 일이 잘 풀리고 있는 사람처럼 보이는 얼굴에서 가장 중요한 요소가 '피부의 빛깔'이라고 말했다. 예로부터 사람 인생이 잘 풀릴 것 같으면 '얼굴이 핀다.'라는 표현을 썼는데, 그 말은 '얼굴의 혈색이 좋아 마치 꽃이 핀 것 같아 보인다.'라는 의미가 아닐까 싶다. 퍼스널 컬러는 이 점에서 다른 어떤 뷰티팁보다 큰 영향이 있다. 의학적인 도움 없이 즉각적으로 안색이 좋아 보일 수 있게 하는 가장 빠른 방법이기 때문이다.

"어울리는 색의 옷을 입으면 얼굴이 보이고, 어울리지 않는 색의 옷을 입으면 옷이 보인다."

살이 쪄서 검은색 옷만 입고 다니는 사람들이 많다. 그

금이라도 날씬해 보이고 싶어서라는 것쯤은 나도 안다. 그러나 검은색이 잘 어울리는 사람이 아니라면 얼굴에 어두운 그림자가 생길 것이다. 또한 앞서 말했듯, 어울리지 않는 색의 옷을 입으면 얼굴이 아니라 옷이 보인다. 마치 검은 물체가 지나다니는 것처럼 보인다는 것이다. 그러니 이제 진정으로 당신의 얼굴을 빛나게 해 줄 컬러를 찾아보자. 그러면 당신의 삶도 한층 빛날 것이다.

나에게 어울리는 색을 찾는 법

당신에게 일상생활에서 어울리는 컬러를 찾는 손쉬운 방법을 알려 주려 한다. 가장 좋은 것은 어떤 색을 입었을 때 좋은 피드백을 들었냐 하는 것이다. 특정 색을 가까이 했을 때 얼굴이 좋아 보인다는 얘기를 많이 들었다면 그 컬러가 당신에게 어울리는 색일 확률이 높다. 남성의 경우 면도를 하고 옷을 입었을 때 수염이 자라 보이는 색은 잘 어울리지 않는 색일 확률이 높다. 수염라인을 깨끗한 피부로 보이게 하는 색의 옷을 입자. 그리고 여성들이 컬러 진단을 어렵게 느끼는 이유는 전체적인 조화보다 이목구비 위주로 보는 경우가 많기 때문이다. 전체적인 조화를 보는 것이 어렵다면 '목'을 보자. 옷을 목 가까이 갖다 댔을 때 목주름이 매끈해지면 어울리는 색이다. 어울리지 않는 색의 옷을 입으면 목의 주름이 짙고 선명하게 보인다.

자신에게 어울리는 색을 찾을 때 가장 유의할 점은 바로 색에 대한 선입견을 내려놓는 것이다. '빨간색은 뜨겁다' '파란색은 차갑다' 등 색은 보는 것만으로도 여러 가지 감정이 느껴지는 감각적인 요소다. 그러다 보니 자기도 모르게 '나는 이 색이 잘 어울려' '나는 이 색은 절대 어울리지 않아'라는 자신만의 선입견을 가진 경우가 많다. 외모력을 찾는 여정에서 스스로에 대한 선입견을 버리는 것도 아주 중요한 과제다. 그러니 '나에게 이 색은 절대 안 돼!'라는 마음은 내려놓고 열린 마음으로 색을 바라보았으면 한다.

자신에게 어울리는 색에 대한 확신이 없다면, 전문가의 도움을 받아 보는 것도 좋다.

당신의 안색과 인생까지 밝혀 줄 컬러를 꼭 만나기를 바란다.

나만의 신체강점을 찾아라

사람은 누구나 자신만의 강점이 있다. 신체에도 마찬가지다. 정확한 체형 분석을 위해 전문가를 만나 보면 좋겠지만 신체의 강점은 눈에 띄는 부분이라 조금만 관심을 기울이면 스스로도 쉽게 찾을 수 있을 것이다.

나는 외모력 향상의 장기적 관점에서, 신체의 단점을 가리고 보완하는 것이 아니라 장점을 찾아 드러내는 것을 추천한다. 강점을 드러내는 것은 자신감의 표현이기 때문이다. 여기서는 당신이 미처 관심을 두지 않았던 자기의 신체에 대해 탐색하는 시간을 가질 것이다. 이미 자신의 신체강점을 알고 있다면 어떻게 하면 효과적으로 활용할 수 있을지 생각해 보도록 하자.

> **누가 봐도 눈에 띄는 신체강점**
>
> (여성)
> - 풍만한 가슴
> - 잘록한 허리
> - 늘씬한 다리
> - 긴 목선
>
> (남성)
> - 넓은 어깨
> - 선명한 근육
> - 도드라진 힘줄
> - 날렵한 턱선

이와 같이 누가 봐도 도드라지게 보이는 신체강점이 있는가 하면, 당신이 미처 드러내지 않아서 보이지 않는 부분이 있다. 여기에서 내가 당신에게 말하고 싶은 것은 다른 사람과 비교해서 더 뛰어난 부분을 찾는 것이 아니라 자신의 신체에서 가장 자신 있는 부분을 찾으라는 것이다.

예를 들면 나의 신체강점은 허리 라인이다. 나는 키도 작지만, 몸에 비해 팔다리가 유난히 짧은 편이다. 하지만 긴 상체 덕분에 흉곽이 들어갈 공간이 생겨 허리선이 잘록하다. 그래서 옷을 입을 때는 항상 허리 라인을 강조하는 옷을 입는다. 살이 찐다고 하더라도 다른 부위에 비해서 허리는 살이 잘 찌지 않는다. 이렇듯 자신만이 알고 있는 신체 부위가 있을 것이다. 잘 모르겠다면 지금 당장 거울 앞에 서서 자신의 몸을 바라보자.

전문가에게 체형진단을 받아 보는 것도 좋다. 하지만 자신의 신체를 바라보는 마음속의 거울이 사람마다 다르기 때문에 진단을 받더라도 받아들이지 못하는 경우도 많다. 예를 들면 사람들이 다리가 날씬하다고 말해 줘도 자신의 다리는 굵다고 여기는 사람이 있는 것처럼 말이다. 그래서 나는 당신 스스로가 아름다워 보이는 신체 부위를 찾았으면 좋겠다. 다른 사람의 동의 여부와 상관없이 말이다.

나의 신체강점 체크해 보기
- 몸에서 가장 자신 있는 부위가 어디인지 떠올려 보자.
- 자신 있는 이유도 함께 생각해 보자. 숨은 매력을 발견할 수 있을 것이다.
- 단, 신체강점은 타인과의 비교가 아니라 오로지 자신과의 비교만 성립함을 꼭 기억하자.

나의 얼굴은 직선인가 곡선인가?

패션 스타일링의 기본은 조화다. 자신의 신체 특징과 잘 맞는 아이템을 착용해야 잘 어울린다. 스타일링이 고민되는 당신을 위해, 어울리는 아이템을 찾는 간단한 방법을 소개한다.

사람마다 얼굴의 인상이 있는데, 대체로 둥글둥글한 인상이냐 샤프한 인상이냐로 나눌 수 있다. 얼굴에 나타난 선에 따라서 어울리는 디자인이 정해지기 때문이다. 얼굴에서 곡선의 이미지가 많으면 곡선의 디자인이 잘 어울리고, 직선의 이미지가 많으면 직선의 디자인이 잘 어울린다.

예를 들면 샤프하고 눈매가 직선적인 느낌을 주는 사람은 옷도 각이 잘 맞아떨어지는 직선형 디자인을 선택하는 것이 잘 어울린다. 반대로 둥근 눈과 오목조목한 이목구비를 가진 경우, 너무 뾰족한 디자인보다는 마무리가 둥글게 처리된 디자인이 잘 어울린다. 당신의 얼굴은 직선 요소가 많은지 곡선 요소가 많은지 한번 체크해 보도록 하자.

나도 꽃미녀가 될 거야: 나에게 어울리는 꽃무늬 찾는 법

봄이 되면 평소에는 관심도 없던 꽃무늬가 입고 싶었던 경험이 있을 것이다. AI는 얼마나 똑똑한지 혼잣말을 했을 뿐인데 기가 막히게 광고를 노출시킨다. 그렇게 소셜미디어 광고에 이끌려 처음 보는 쇼핑몰에서 꽃무늬 원피스를 주문한 당신. 그런데 쇼핑몰 모델의 청순한 모습과는 달리 너무 촌스러워 보였다면?

꽃무늬가 어울리는 것 같지는 않지만 꼭 한 번 입고 싶다면, 자신에게 어울리는 꽃무늬를 찾는 꿀팁을 알려 주겠다.

앞서 신체강점에 대한 부분을 언급했다. '얼굴에서 곡선의 이미지가 많으면 곡선의 디자인이 잘 어울리고, 직선의 이미지가 많으면 직선의 디자인이 잘 어울린다.'

이를 활용해서 나에게 어울리는 꽃무늬를 찾을 수 있다.

눈꼬리가 올라갔다면 뾰족한 꽃잎 디자인이, 눈이 둥글다면 둥근 꽃잎의 디자인이 잘 어울린다. 이는 넥카라에도 적용할 수 있다. 전자는 직선적인 넥카라가, 후자는 둥근 넥카라가 잘 어울린다. 치마 디테일도 마찬가지다. 직선적인 디자인이 어울리는 사람은 H라인의 깔끔한 디자인의 스커트가 잘 어울리며, 곡선의 디자인이 잘 울리는 사람은 A라인이나 플레어 스커트를 잘 소화할 수 있다.

자신의 얼굴을 잘 관찰해서 가장 잘 어울리는 꽃무늬를 찾아 꽃길만 걷기를 바란다.

나만의 편안함을 찾아라

코코 샤넬은 이런 말을 했다.

"럭셔리는 편안해야 한다. 그렇지 않으면 럭셔리가 아니다."

신체강점을 찾았다면 그에 맞는 옷을 입어야 한다. 체형에 맞는 옷을 입으면 몸이 편안해지는데 그러다 보면 마음까지 여유로워진다. 예를 들어 나의 체형은 골반이 작고 허벅지가 발달한 유형이다. 그래서 바지를 입으면 다리는 꽉 끼고 허리는 헐렁한 모양이 된다. 그래서 허리가 잘 맞고 아래쪽이 여유 있는 치마를 입었을 때 더욱 편안함을 느낀다. 그리고 여자이지만 치마를 불편해하는 사람들도 많은데, 바지를 입은 모습이 더 잘 어울리고 매력적이라면 치마를 입지 않아도 된다. 자신만의 외모력을 키우려면 나다운 것 중에 가장 잘 맞고 멋진 것을 알고 적용하는 것이 중요하다. 그것이 치마여도 좋고 바지여도 좋다. 짧은 머리든 긴 머리든 상관없다. 다만 그 모든 것에는 당신의 여유 있는 태도가 느껴져야 진정한 당신의 것이 된다는 점을 잊지 않기를 바란다.

가장 본능적인 감각, 향기를 활용하라

〈흔들리는 꽃들 속에서 네 샴푸향이 느껴진 거야〉라는 노래가 있다. 남자들에게 첫사랑의 이미지를 물어보면 비누 향기, 꽃향기, 샴푸 향기 같은 향기가 나는 여자였다는 표현을 많이 듣게 된다. 우리는 향기로 사람을 기억한다. 향기는 각인효과가 강하다. 그래서 오래전에 맡은 향이라 하더라도 세월이 지나 그 향을 다시 맡으면 당시의 온도와 습도, 기분까지 떠오르게 한다.

인간은 감각을 활용해 타인에게 자신을 매력적으로 보이도록 연출할 수 있다.

사람을 매력적으로 보이게 하는 요소에는 환경이나 여러 가지 부분도 있겠지만 본능적 감각이 우선시 된다. 우리가 누군가를 바라볼 때 매력적이라고 느끼는 데에 아주 짧은 시간이 소요된다고 했다. 이것은 이성적 판단이 아니라 감각에 기초한 것이기 때문이다.

그래서 우리는 본능을 활용해야 한다. 멀리서도 보고 판단할 수 있는 시각적 요소(얼굴과 보디랭귀지 등)와 가까이서 들을 수 있는 목소리, 그리고 향기다.

향기가 중요한 이유는 모든 감각 중 뇌에서의 판단 시간이 가장 짧은 것이 후각이기 때문이다. 촉각과 시각, 청각 신호는 뇌의 대뇌피질에서 우선적으로 처리되어야 하지만 후각은 감정을 느끼고 충동에 관련된 대뇌변연계에 바로 작용한다. 가장 빠르고 직접적인 감각인 것이다.

평소 청소 강박으로 유명한 남자 가수가 방송에 출연했다. 그는 "사람을 보면 냄새가 얼굴에 붙어 있어요."라고 말했다.

나는 이 표현이 매우 적절하다고 생각한다. 사람은 감각이 주는 정보를 복합적으로 처리할 수 있는 능력이 있다. 그래서 후각 정보와 시각 정보가 합쳐지넌 그 사람의 실제

라이프 스타일과 상관없이 기존에 자신이 갖고 있던 정보로 판단해서 처리한다. 그래서 나는 당신에게 전략적으로 향기를 관리하라고 이야기해 주고 싶다.

향기도 관리해야 한다

치명적으로 매력적인 외모를 가진 사람이라도 냄새 때문에 그 매력이 반감될 수 있다. 어느 날 원조 꽃미남으로 유명한 연예인을 카페에서 우연히 마주친 적이 있다. 그의 바로 뒤에 줄을 서 있던 나는, 떨리는 마음으로 사인 요청을 한번 해 볼까 하는 생각을 하고 있었다. 그런데 그가 음료수를 주문하려 입을 벌렸을 때, 나는 그 생각을 접었다. 왜냐하면 그의 입에서 심한 악취가 났기 때문이다. 그가 나에게 어떤 나쁜 행동을 한 것도 아닌데, 그에 대한 호감도가 하락한 순간이었다. 그리고 고등학교 때 배우 이동욱 씨를 닮은 수려한 외모를 가진 남자아이가 있었다. 그런데 그는 평소 잘 씻지를 않는 것인지 웃을 때 몸만 들썩거려도 꾸리꾸리한 냄새가 풍겼다. 그의 외모를 보고 먼발치에서 좋아하던 여자아이들은 그와 가까이서 대화를 하고 나서는 하나같이 그를 단념했다. (단념인지 포기인지 모르겠지만) 간혹 외모는 화려하게 꾸몄는데 불쾌한 냄새가 나는 사람들이 있다. 그러면 얼굴이 아름다워도 못생기게 느껴질 수 있다는 사실을 알아야 한다.

좋은 향기의 기본은 위생적인 느낌을 주는 것이다. 갓 고기를 구워 먹고 나온 듯한 땀 냄새, 며칠 머리를 감지 않아 정수리에서 나는 코를 찌르는 냄새, 옷을 제때 빨지 않아서 나는 빨래 쉰내 등은 좋은 느낌을 줄 수 없다. 그 냄새들은 당신이 위생적이지 못하다는 정보를 제공한다.

반대로 향기가 과하면 어떨까.

"야! 너 겨드랑이에서 냄새나. 내가 그것까지 참아 줬는데 네가 감히 나를 차?"

민수 씨가 여자친구에게 이별 통보를 하던 중 듣게 된 이야기다. 자신의 외모에 만족하며 항상 당당하던 그는 그날 이후로 각종 향수에 집착했다. 이전에 잘 안된 연애가 다 본인의 체취 때문인가 생각하며 체취를 가리기 위해 향수 컬렉터가 되었다. 어느 날은 향수를 너무 많이 뿌렸는지

친구에게서 "너 향수 냄새 지독하다."라는 말까지 들었다.

이쯤에서 당신이 알아야 할 것이 있다. 당신이 의도적으로 향을 연출했다고 생각이 들게 하는 순간, 그 향은 매력적이지 않게 된다. 그런 경험이 한 번쯤 있을 것이다. 버스를 탔는데 지독한 향수를 뿌린 사람 때문에 머리가 아팠던 경험 말이다. 뭐든지 과하면 좋지 않다.

만약 당신의 체취가 정말 걱정된다면 병원에 가 보는 것을 추천한다. 액취증 치료를 받으면 훨씬 좋아질 것이다. 그러나 관리의 문제라면 환경을 위생적으로 유지할 필요가 있다. 겨드랑이나 사타구니, 귀 뒤, 정수리 등 악취가 나기 쉬운 부위는 항상 잘 씻어 주어야 한다.

냄새는 우리의 본능을 자극하기에, 자신의 향기를 관리하는 것은 매우 중요하다는 것을 잊지 말자.

향기 에티켓의 기본, 옷 관리

몸을 잘 씻고 향수도 뿌렸는데 옷에서 지독한 냄새가 난다면?

장마철에 잘못 건조된 수건에서 나는 냄새가 당신에게

서 느껴질 수 있다. 문제는 이 냄새가 당신 삶의 배경을 다르게 보이게 할 수 있다는 점이다.

영화 〈기생충〉은 냄새가 사람의 신분과 지위를 결정하는 요소가 될 수 있다는 것을 적나라하게 드러낸 작품이다. "냄새가 선을 넘지."가 명대사의 하나로 꼽히듯, 중요한 장면마다 냄새를 통해 사람들이 느끼는 심리적 효과를 극대화해 사회 계급의 차이를 표현했다.

하류층 가족의 아들이 상류층 집에 들어가기 위해 향수로 반지하 냄새를 감추는 장면이 있다. 냄새가 사회적 신분과 연관된다는 것을 보여 주는 부분이다. 이런 노력에도 불구하고 상류층 사람들은 하류층의 냄새(소금 짠 내)를 기가 막히게 알아차리고는 이상한 냄새가 난다며 지속적으로 언급한다.

옷 얘기를 하다가 왜 계급을 나누는 얘기를 하는지 궁금할 것이다. 사람의 체취는 목욕이나 향수를 통해 가릴 수 있다지만, 옷은 관리가 소홀해지기 십상이다. 그런데 옷이야말로 당신의 생활상을 적나라하게 드러낸다는 것을 잊지 말아야 한다. 지하철을 타면 사람들이 저녁 메뉴로 어떤 음식을 먹었는지 바로 알 수 있다. 옷에 냄새가 배어 있기 때문이다. 문제는 옷이 외식 메뉴만 담고 있는 것이 아니라 당신이 어디에 사는지도 짐작게 하는 부분이라는 점이다. 습도가 높고 환기가 잘되지 않는 공간에 옷을 방치하면 곰팡이균이 번식하게 되고 결국 향수로도 가릴 수 없는 퀴퀴한 냄새가 나게 된다.

그러니 자신의 몸만 잘 관리할 것이 아니라, 옷도 신경 써서 관리하기를 바란다.

쾌적한 옷 관리 방법
- 옷의 세탁 건조 방법을 반드시 확인한다. 섬유마다 세탁 및 보관방법이 다르기 때문이다.
- 옷장은 주기적으로 환기한다.
- 걸 수 있는 옷은 걸어서 보관하고 옷 사이는 간격을 둔다.

6장

외모력, 태도가 전부다

태도가 전부다

4장에서는 내면에 관한 이야기를 다루고, 5장에서는 외면에 관한 이야기를 다뤘다. 이번에는 태도에 관한 이야기를 할 것이다. 그런데 시작하기 전 꼭 알아야 할 부분이 있다. 바로 태도가 전부라는 것이다. 그게 무슨 말이냐고? 내가 당신을 아무리 멋지게 입혀 놓아도 당신의 태도가 따라주지 않는다면 아무 소용없다는 뜻이다.

태도Attitude란 사람의 행동에 대한 마음가짐을 말한다. 외모력을 잘 유지하기 위해서는 당신의 내면과 외면에 걸맞은 태도를 갖추어야 한다.

예전 아이돌 노래 중에 외모력을 향상 시키는 마음가짐

을 잘 표현한 곡이 있다.

바로 카라의 〈Pretty Girl〉이다. 이 곡을 잘 들어 보면 다음와 같은 이야기를 한다. 마치 내가 당신에게 해 주고 싶은 말을 적은 따스한 편지 같다.

만약 네가 아름다워지길 바란다면 안 된다는 마음은 지워.
언제 어디서나 당당하게 걷고, 그에 맞는 옷과 말투 그리고 포즈를 취하렴.
기본 지적 상식은 갖추는 게 좋아.
너는 이미 아름답거든. 그러니 조금도 망설일 것 없어.
긍정적인 마음으로 웃는 표정으로 하루를 시작하는 것을 잊지 마.
맑은 눈으로 살짝 미소까지 지으면 준비완료!
누구나 아름다워질 수 있어. 넌 아름다워!

어디서나 당당하게 걷기

이 곡의 뒷부분에는 이런 내용도 나온다. 자신에게 맞는 옷과 말투, 그리고 포즈는 그냥 되는 것이 아니라 다 끊임

없는 노력 덕분이라고.

  컨설팅을 하다 보면 아주 세련된 외모를 갖고 있는 사람들을 만날 때가 있다. 그들은 커다란 뿔테안경과 수더분한 머리모양으로 본인의 세련됨을 감추고(일부러 감춘 것은 아닐 테지만) 살아간다. 그러다 나를 만나고 본인이 세련된 외모를 갖고 있다는 것을 알게 되면서 센스 있는 스타일의 룩을 연출하게 된다.

  그런데 문제는 여기서 시작된다. 외모는 세련되어졌는데 태도가 뒷받침해 주지 않는 것이다. '내가 이런 옷을 입어도 될까? 좀 어색한데? 사람들이 날 이상하게 보는 건 아닐까? 내 주제에 이렇게 멋진 옷을 입다니.'라며 혼잣말을 한다. 그리고 고개를 떨군 채 바닥만 보고 걸어 다닌다. 그런 행동은 모르는 사람이 봐도 불안해 보인다. 그렇다면 이 사람에게 세련된 옷이 무슨 소용이란 말인가?

  사람들은 외면을 보고 어떤 사람을 판단하는 경우가 대부분이다. 그 외면에는 옷차림뿐만 아니라 보디랭귀지 즉, 그 사람의 행동과 태도가 포함되는 것이다. 아무리 멋진 옷을 입고 있어도 당신이 그 스타일에 자신이 없어 어색한 표정에 엉거주춤한 걸음걸이로 걷는다면 그 옷을 입지 않으니만 못하다. 멋진 옷을 입었다면 그에 맞는 태도를 갖춰라. 당당하게 어깨를 펴고!

거울 속의 나와 친해질 것

당당히 어깨를 펴고 걸으라고 했더니 "당당하지 않은데 어떻게 하나요?"라고 묻는 사람이 있다. 그런 사람이라면 자기 자신에게 당당해지는 연습을 할 필요가 있다. 앞서 사람은 자신과 보내는 시간이 가장 많다고 했다. 그러니 자기 스스로의 친구가 되어 주자. 세상 가장 친한 친구가 바로 자기 자신이 되는 것이다. 거울을 보고 나 스스로를 내가 좋아하는 친구라고 생각하고, 그 사람에게는 어떻게 말해 줄지 생각하며 자신에게 이야기를 건네자. 좋아하는(호감을 얻고 싶은) 친구가 이미지 변신을 한다고 옷을 사고 머리를 하고 왔다는데 "너 어디서 헛돈 썼냐?"라고 하지는 않을 것 아닌가.

좋은 태도를 갖기 위해서는 하루를 시작하면서 잊지 말

아야 할 것이 있다. 바로 자신에게 미소 지어 주는 것이다. 나의 경우 자신감이 필요한 날은 거울 속의 나와 하이파이브도 한다. 자신감의 시작은 자신과 친해지는 것이다. 오늘부터 시작해 보자.

"나 자신아. 너 참 멋지다. 오늘도 잘 부탁해!"

환상 속의 나로 살아가라: 럭키걸 신드롬

이미지 컨설팅에서 내가 꼭 적용하는 스킬 중 하나를 소개하겠다. 바로 '자뻑 기법'이다. 말 그대로 자신에게 취하는 것이다.

앞서 외모력은 태도가 전부라고 했다. 그중에서도 자신감에서 흘러나오는 태도는 가장 힘이 세기에 이 방법을 알려 주는 것이다. 실제로 다른 사람이 자신을 바라보는 것보다 자기 스스로 자신을 아름답다고 생각하는(착각일지라도) 사람이 자신감이 더 높다는 연구결과도 있다.

외모 자존감에 문제가 생기는 것은 실제의 본인 모습보다 못하다고 여기기 때문인 경우가 많은데, 자신을 실제 모습보다 낫다고 생각하게 되면 자신감이 올라가게 된다.

뷰티 필터로 찍으면 좀 어때?

최근 몇 년간 뷰티 필터를 사용해서 사진을 찍는 경우가 많아졌다. 그래서 실제의 얼굴보다 뷰티 필터 속 '뽀샵' 얼굴이 더 익숙한 사람들도 있을 것이다. 혹자는 자신의 실제 얼굴을 거부한다며 비판하기도 하겠지만, 나는 당신에게 뷰티 필터 속 자신의 모습을 진짜라고 여겨도 된다고 말해 주고 싶다. 내가 나를 아름다운 눈으로 바라본다면 그에 따른 자신감이 생길 것이기 때문이다. 이런 좋은 착각이라면 안 할 이유가 없지 않은가?

I am a lucky girl

최근 몇 년간 럭키걸 신드롬이 계속되고 있다. 틱톡에서는 럭키걸 신드롬의 해시태그가 들어간 영상이 1억 회 이상의 조회수를 기록하기도 했다. '럭키걸 신드롬'은 근거는 없지만 자기 스스로 운이 좋다고 외치면 실제로 좋은 일이 일어난다고 믿는 것으로, 근자감과 일맥 상통하는 부분이 있다.

2024년에는 새로운 트렌드로 '럭키걸 신드롬'이 꼽혔다. 이는 일종의 긍정 확언에 가까운데 자신이 운 좋은 사람이라고 지속적으로 언급하는 챌린지 같은 것이다. 한 유명 아이돌이 자신의 영어 이름을 넣어 '럭키○○'라고 부르는 것이 유행을 타 어른들까지 긍정회로를 돌리는 기법으로 "완전 럭키○○잖아!"를 말할 정도다. 이렇게 이어지는 럭키걸 신드롬을 보다 보니, 학창 시절의 한 친구가 떠올랐다.

그녀의 별명은 자칭 럭키걸. 그녀는 언제나 자신은 운이 좋다며 자기 자신을 럭키걸이라고 불렀다. 처음에 그녀가 자기 스스로를 럭키걸이라고 불렀을 때 친구들의 반응은 냉담했다. 그러나 그것이 계속되자 친구들은 정말로 그녀가 럭키걸이라고 믿기 시작했다. 그녀는 수능 성적에 비해 좋은 학교에 진학했고, 도중에 전공을 바꾸었음에도 전문자격시험에 단시간에 합격했다. 물론 그 안에는 그녀의 숨은 노력이 있었겠지만, 그녀는 항상 "나는 역시 럭키걸이야. 나는 운이 좋아."라고 말했다. 그리고 어느새 그녀는 그녀가 아는 사람들 사이에서 인정받는 취업도 결혼도 성공한, 럭키걸이 되어 있었다.

이미 이루었다고 생각하라

영화 〈올드보이〉로 유명한 박찬욱 감독은 재능의 유무가 중요한 게 아니라 스스로 재능이 있다고 믿는 것이 중요하다고 말했다.

어떤 일을 해내는 가장 쉬운 방법은 "될 때까지 해라."라는 이야기를 들어 본 적 있을 것이다. 나는 당신에게 그 '때'를 기다리지 말라고 말하고 싶다. 이미 그때가 왔다고 생각하자. 그래서 당신은 이미 당신이 원하는 그 사람이라고 생각하고 그에 맞게 행동하라. 그러면 당신이 원하는 것을 더욱 빨리 얻을 수 있을 것이다. 마치 '럭키걸'을 외치던 그녀처럼 말이다. 환상 속의 당신을 떠올려 보라. 어떤 사람이고 싶은가? 어떤 삶을 살고 싶은가? 당신의 가슴속 보물상자를 열어 당신의 환상을 꺼내어 놓자. 그리고 그것을 맘껏 펼치며 살아가는 당신의 모습을 생생하게 표현해 보자.

"He can do, She can do, Why not me?"

나는 수많은 평범한 사람들(본인이 평범하다고 생각하는 사람들)을 컨설팅해서 그들이 제2의 인생을 살아갈 수 있도록 도왔다. 그들을 보면서 나도 용기를 얻어 계속 성장해 나갈 수 있었다. 나같이, 그리고 그들처럼 평범한 조건의 사람들도 매력을 뽐내며 사는데 당신이라고 못할 이유가 없지 않은가? 환상 속의 당신이 진짜 당신이다. 당신의 환상을 환상이 아닌 현실로 만드는 가장 쉬운 방법은 바로 그것이 이루어졌음을 확신하며 살아가는 것이다. 미래의 당신이 빛나고 있다는 사실을 믿고 자기 자신에게 빠져 살자.

겸손의 미덕은 내려놓고
기억나는 사람이 되어라

우리나라 사람들은 '겸손'이라는 말로 자기표현을 감추는 경향이 있다. 칭찬을 받아도 거부하고, 자신이 잘한 일을 이야기하는 것을 나댄다고 생각하기도 한다. 그러나 외모력의 중요성에서도 이야기했듯, 뭐든지 드러나야 힘이다. 칭찬을 제대로 받는 것도 자신을 인정하는 힘이고, 자신의 업적을 이야기해서 드러내는 것도 힘이다. 드러낼 부분은 자신 있게 드러내야 당신의 장점을 세상이 안다는 얘기다. 외모력을 향상시키기 위해서 겸손을 내려놓고, 어떤 태도를 취해야 하는지 지금부터 알려 주도록 하겠다.

칭찬은 넙죽 받아라

초롱 씨는 최근 이미지 컨설팅을 통해 스타일 변신을 했다. 길었던 머리는 가녀린 목선을 돋보이게 하는 단발로 잘랐고, 펑퍼짐하던 옷도 몸에 맞는 디자인으로 바꿨다. 오랜만에 만난 직장 상사가 초롱 씨를 칭찬했다. "오 초롱 씨. 못 보던 사이에 많이 예뻐졌는데? 비결이 뭐야?" 초롱 씨가 대답했다. "에이~ 아니에요~ 예뻐지긴 뭘요. 똑같아요~" 초롱 씨는 외모력을 상승시킬 기회를 한 번 놓치고 말았다.

우리나라 사람들의 희한한 특징 중 하나가 칭찬을 하면 한사코 이를 거부한다는 사실이다. 예를 들어 당신이 초롱 씨와 같은 상황이었다고 치자. 그랬을 때 당신은 어떻게 대답할 것인가? 우리나라 사람들의 대부분이 초롱 씨와 비슷하게 대답할 것이다. 그런데 그렇게 되면 칭찬한 사람도 뻘쭘하고, 자신도 자신의 외모를 부정하는 꼴이 된다. 그러니 지금부터는 누가 칭찬을 하면 넙죽 받아라. 초롱 씨가 칭찬을 받고 "어머 감사합니다. 부장님도 멋져지셨어요."라고 답했다면 얼마나 좋았겠는가. 상대의 칭찬도 고맙게 받아 주고, 내 외모에 대한 인정도 나 스스로도 했으며, 상대방 칭찬까지 일석삼조다. 칭찬은 고래만 춤추게 하는 것이 아니다. 당신도, 칭찬한 사람도 모두 춤추게 하는 것이다. 그러니 당신을 춤추게 하라. 칭찬은 넙죽 받으라고 있는 것이니.

겸손하기 전에 나대라

겸손이란 '남을 높이어 귀하게 대하고 자신을 낮추는 태도'를 말한다. 여기서 내가 반박하고 싶은 부분은 바로 '자신을 낮추는 태도'다. 왜 다른 사람은 높이어 귀하게 대하고 자신은 낮추는가? 나와 가장 많은 시간을 보내고 나의 모든 것을 알고 있는 자신을 가장 귀하게 대하는 것이 맞지 않는가.

이는 과거 우리 조상들이 타인에게 자신의 능력을 드러내지 않는 것이 선비의 바른 자세라고 여기며, 스스로 부족하다고 생각해야 끊임없이 공부하는 동력이 생기기에 이런 말을 쓴 것이다. 그 시절에는 학문에 정진하는 선비의 모습이 이상적이었던 때였다.

그러나 세상이 바뀌었다. 지금은 자기 PR의 시대다. 세상은 핵개인화 되며, 다들 너무나 바쁜 일상을 살아간다. 그 와중에 당신이 자신에 대해 아무것도 드러내지 않으면 누가 당신을 신뢰할 수 있겠는가? 당신이 어떤 사람인지, 무슨 일을 해냈는지, 어떤 강점이 있는지 나서서 말하지 않으면 아무도 알 수 없다. 심지어 알려 하지도 않는다. 그러니 이제부터 스스로를 알려라. 겸손하기 전에 나대는 것부터 시작하자.

기억나는 사람이 되자

기업에서 이미지 메이킹 강의를 할 때 항상 하는 말이 있다.

"당신은 기억나는 사람입니까?"

내가 만약 백 명의 직원들을 대상으로 강의를 진행했다고 하자. 강의가 끝나고 밖을 나섰을 때, 어떤 사람은 기억이 날 것이고 어떤 사람은 기억에 남지 않을 것이다. 잠깐만 봐도 강렬한 인상을 남기는 사람이 있고, 오래 있어도 그 자리에 있었는지조차 모르겠는 사람이 있다는 것이다. 이미지 체크리스트를 작성하다 보면 이렇다 할 공동된 득

징이 없는 사람들이 있다. 그 말인즉슨, 별로 기억에 남지 않는다는 뜻이다.

"저는 여러 가지 이미지를 갖고 있어서 좋은데요?"라고 생각할 수도 있을 것이다. 그러나 한 번쯤 생각해 보라. 당신이 얼굴과 이름을 기억하는 연예인, 정치인, 그 외의 공인들을 떠올려 보자. 다들 자신만의 특징이 있지 않은가? 예를 들어 국민정신과 의사 오은영 박사의 경우, 그녀의 이름만 들어도 특유의 부풀려진 헤어 스타일이 떠오르는 것처럼 말이다.

우아하거나, 섹시하거나, 자유분방하거나, 카리스마 넘치거나. 잘나가는 사람들은 다들 자신만의 외모 트레이드마크를 갖고 있다는 얘기다. 당신도 이 책을 통해 자신만의 이미지 키워드를 찾고 그것을 다른 사람들이 보고 느낄 수 있도록 표현하는 방법을 익혀서 기억에 남는 사람이 되어 보자.

당신이 전문직이라면 자신의 분야에서, 직장인이라면 회사 내에서, 전업주부라면 엄마들 모임에서, 이 외에 타인과 함께 세상을 살아가는 사람들이라면 누구나 자신만의 긍정적인 특징으로 기억나는 사람이 되어야 한다. 그것은 자신을 먼저 받아들이고 나대는 용기를 가지는 것으로부터 시작된다. 지금부터는 칭찬은 넙죽 받고, 겸손을 내려놓고 나대며 살자. 그렇게 한다면 자신만의 외모력을 드러내며 멋지게 살아갈 수 있을 것이다.

외모력도 조기교육이 필요하다

공부만 조기교육이 중요한 게 아니다. 외모력도 조기교육이 꼭 필요하다. 성인이 되기 전까지, 혹은 성인이 되어서도 가장 가깝게 생활하는 곳이 가정이기 때문이다.

두 명의 여자 연예인 이야기다. 얼굴 천재로 유명한 여배우 H가 있다. 그녀는 객관적으로 아름다운 외모를 가졌다. 그런데도 한 인터뷰에서 항상 자신을 '못난이'라고 생각한다고 했다. 누가 들으면 웃기는 소리 한다 하겠지만 실제 연예인들의 인터뷰를 보면 외모 열등감을 느끼는 경우가 적지 않다. 키스를 부르는 입술 1위로 선정된 연예인은 인중이 없는 자신의 입술이 가장 큰 콤플렉스라고 하고, 부드러운 눈웃음이 매력적인 연예인은 눈이 처져 있어 불만이라고 하니까.

    다른 여자 연예인은 풍풍함을 강조하는 역할을 통해 웃음을 주는 코미디언 L이다. 평균보다 조금 더 통통한 몸매에 가끔 남자 캐릭터 연기도 하는 그녀는 외모 때문에 하고 싶은 직업을 포기해야 했던 경험이 있다. 그러나 그녀 스스로는 자기 자신을 참 괜찮다고 여기며 "나는 뚱뚱하지만 섹시해."라며 언제나 자신에 대한 긍정적인 표현을 한다. 그녀의 행복한 외모 자아상이 어디에서 왔나 봤더니 부모님이 항상 "공주야."라고 불러 주는 것이 아닌가. L의 부모님은 그녀가 살이 쪘을 때나 빠졌을 때나 변함없이 늘 예쁘다고 해 주셨다고 한다.

    아이에 대한 외모 평가 없이 있는 그대로 아름답다고, 사랑한다고 말해 주는 부모가 될 수 있다면 그 자녀는 살아가면서 적어도 외모 때문에 큰 고통을 받지는 않을 것이다. 부모의 사랑과 인정은 아이를 행복하게 하고, 사랑이 충분하면 영혼이 충만한 아이로 자란다. 오늘부터 당신의 자녀에게 하던 신랄한 외모 평가는 멈추고 사랑의 눈빛으로 바라봐 주길 바란다.

다름을 가진 자녀가 있다면:
어린이 외모력 수업

당신의 자녀에게 눈에 띄는 흉터나 선천성 모반, 혹은 피부질환이 있거나 신체의 어느 부분이 보통 사람들과 다른 경우 그 아이는 사람들의 시선에서 자유로울 수 없다. 그러다 보면 아이는 부정적인 외모 자아상을 갖게 될 확률이 높아진다. 부모로서 이 아이를 키워 나가는 데에 어떤 부분을 준비해야 할까?

먼저, 타인의 시선이나 부적절한 말과 같은 행동에 대처하는 방법을 알려 주고 준비시켜야 한다.

일어날 법한 일을 떠올려 보고 그에 따른 대응법을 연습해 보는 것이다. 특히 학교나 학원과 같은 기관에서는 다양한 외모와 성격의 아이들이 함께 생활하기에 생각지 못한 일들이 일어날 수 있다. 미리 대비하지 않으면 아이가 어려움을 겪을 수 있기 때문에, 기관에도 미리 도움을 요청하는 것이 필요하다.

왼쪽 귀가 오른쪽 귀에 비해 유난히 작은 남자아이가 있었다. 아이의 부모님은 그 사실을 아이가 다니는 모든 기관에 '미리' 알리고, 그에 따른 대처 방법까지 전달했다. 어느 날 같은 학원의 여자아이가 남자아이의 왼쪽 귀를 뚫어져라 바라보고 있는 것을 선생님이 발견했다.(어린이의 경우 공격하려는 의도보다 별생각 없이 자연스럽게 시선이 머무르는 경우가 대부분이다) 선생님은 남자아이 부모님이 알려 준 지침대로 당황하지 않고 여자아이에게 말을 해 줬다. "원래 그런 거야. 사람마다 생긴 게 다 달라. 하지만 오래 쳐다보면 불편하니까 그만 보자."라고 말이다.

누군가가 자녀의 외모에 대해 무례한 언행을 하면 화부터 내고 싶을 것이다. 그러나 그들은 별생각이 없거나, 오히려 격한 반응을 이끌어 내고 싶은 것일 수도 있다. 그에 맞장구쳐 주지 말자. 당신은 모든 순간 아이와 함께할 수 없다는 것을 인정하고 아이가 그 상황에 잘 대처할 수 있도록 지도하는 것에 힘을 써라.

집에서는 아이가 자신의 긍정적인 부분에 초점 맞추고 살아갈 수 있도록 도와야 한다.

이 책에서 다룬 여러 활동을 통해 몸의 아름다운 부분에 대해서 자주 말해 주면 좋다. 자신의 긍정적인 부분을 모르면 부정적인 요소에만 집중하게 되기 때문이다.

나의 자녀도 얼굴에 흉터가 있다. 그래서 학년이 바뀔 때면 다른 아이들의 시선과 질문을 피할 수가 없다. 나는 사전에 아이에게 대응법을 알려 주고 함께 연습했다.

사람들이 쳐다보면 처음에는 무시하고, 시간이 길어지면 오래 쳐다보는 게 불편하다고 전달하고, 흉터는 나의 특징 중 하나일 뿐이고 나 스스로는 불편함을 느끼지 않는다고 말하도록 말이다. 서로의 다름을 인정하고 존중하는 것이 인간관계의 기본이며, 자신을 대하는 태도를 어떤 기분으로 받아들일지는 자신만이 선택할 수 있다는 것을 잊지 않도록 아이에게 말해 주었다. 다름에 대해 많은 이야기를 나누고 여러 상황들을 겪다 보니 아이도 사람들 간의 외적 차이에 대해 자연스럽게 받아들이게 되었다.

어느 날은 아이의 일기장에서 이런 이야기를 발견했다.

〈생긴 모습은 달라도〉
생긴 모습은 달라도 우린 모두 소중해.
나는 네가 나와 다르다는 것을 인정해.
나는 내가 남과 다르다는 것을 인정해.
이런 것들이 나를 나답게 만들어.

그렇다. 우리는 모두 다르기에, 그것이 나를 나답게 만드는 것이라는 사실을 아이에게 알려 주길 바란다. 부모의 마음가짐이 아이에게 고스란히 전달될 것이니까 말이다.

7장

외모력이 필요한 순간

이제는 SNS 인상이다

 면접이든 인간관계든 첫인상이 중요하다는 이야기는 많이 들어 봤을 것이다. 그런데 요즘에는 첫인상보다 더 먼저 만나게 되는 인상이 있다. 바로 SNS에 드러난 'SNS 인상'이다. 첫인상이 아니라 'SNS 인상'이라니 그게 무슨 말인지 궁금한가?

 코로나 이후로 우리는 비대면 시대를 살고 있다. 오프라인 강의가 대세이던 시절은 지나가고 강의도 온라인, 심지어 면접까지 화상 면접으로 진행하는 곳이 많아졌다.

 이렇게 비대면 사회가 되면서 실제 만남은 줄었지만 반대로 더욱 많이 노출되는 부분이 있는데, 바로 SNS다.

서로의 전화번호만 알아도, 심지어 이름만 알아도 접근할 수 있는 SNS의 정보가 수도 없이 많다. 이 부분에서 직접 만나서 느끼는 첫인상이 아니라, 만나기도 전에 생겨 버리는 'SNS 인상'이 등장하는 것이다. 실제로도 어떤 사람을 만나기도 전에 SNS만 보고 그 사람이 어떤 사람인지 예상되는 경우가 있다. 당신은 어떤 'SNS 인상'을 가졌는가?

SNS 속의 나는 어떤 모습인가

어려운 입사시험을 통과하고 P 회사 최종 면접장에 가게 된 현정 씨는 예기치 못한 질문을 받았다.

"음. 엄현정 씨는 남자친구랑 해외여행을 많이 다니는 것 같은데 말이야. 결혼할 사이인가?"

자신은 분명 입사 면접을 보러 온 것인데 왜 이런 걸 물어보지라는 생각에 현정 씨는 적잖이 당황했다. 그래도 면접이니까 얼버무리지 않고 당황하지 않은 것처럼 보여야 한다는 사실에 힘을 내서 대답했다.

"아니요. 아직 결혼할 계획은 없습니다."라고 씩씩하

게 말하는 현정 씨를 보며 면접관은 얕은 미소를 지어 보였다.

면접관은 "아이고. 그렇다면 다행이네. 다들 결혼이네 뭐네 애 낳았다고 육아휴직하고 휴직 다 쓰고 나면 그만두고 해서 우리도 힘들어."라며 한숨을 푹푹 내쉬었다.

혼란스러웠던 면접 과정이 끝나고 최종 발표 날, 현정 씨는 결국 불합격했다. 열 번 찍어 안 넘어가는 나무 없다고, 합격까지 원서 백 군데 내는 건 누구나 하는 노력이라고 하니 현정 씨는 다시 다른 회사 면접 준비를 시작했다. 그러나 현정 씨에게 취업의 문턱은 너무나 높았다. 그날 이후 6개월쯤, 현정 씨는 오랜만에 P 회사의 면접 준비를 함께했던 스터디원인 미연 씨를 만났다. 미연 씨는 그때 합격을 해서 P 회사에 다니고 있었다. 현정 씨는 미연 씨에게 취업의 어려움을 토로하며 합격 비결을 공유해 달라고 가볍게 얘기했다. 그런데 미연 씨는 현정 씨가 생각지도 못한 말을 했다.

"현정아. 그런데 말야, 너 카카오톡 사진 좀 조심해야 할 것 같아. 그때 면접관 중에 황 부장님이 우리 팀 팀장이거든. 그런데 회식자리에서 너라고 딱 잘라 얘기한 건 아니지만 이런 얘길 하시더라고. '요즘 애들은 말야. 창피한 줄을 몰라. 카카오톡 프로필 사진에 남자친구랑 호텔 침대에서 파티하는 사진을 올리질 않나, 커플 속옷 입고 스파 하는 사진을 올리질 않나. 너무 까졌어. 그런 발랑 까진 애들은 절대 안 뽑지.' 그러면서 이번 면접에도 그런 애가 있었다면서 혀를 끌끌 차더라니까."

현정 씨는 다 큰 성인이 남자친구랑 호텔 가서 노는 게 도대체 무슨 잘못이라는 건지 이해할 수가 없었다. 그러나 현정 씨가 실제로 어떤 사람이든 상관없이 면접관은 SNS에 드러난 현정 씨의 'SNS 인상'을 통해 현정 씨를 판단한 것이다. 미연 씨의 말에 의하면 면접관이었던 황 부장은 현정 씨 또래의 딸을 둔 아빠고, 꼰대 지수도 아주 높은 사람이라고 한다. 결혼도 하지 않을 남자친구와 호텔 간 사진을 당당하게 올리는 요즘 세대의 마인드를 이해하지 못하는 것이다.

업무능력이 아닌 사생활을 빌미로 민집 결과에 불이익

을 준 면접관의 태도는 분명히 잘못되었다. 하지만 면접관이 당신을 만나는 시간은 당신의 업무능력을 파악하기에는 너무나도 짧은 시간이다. 그래서 본인이 가진 당신에 대한 배경지식(예를 들면 카카오톡 프로필 사진)이 평가에 크게 작용할 수밖에 없다. 또한 당신 스스로 당신의 인적사항을 회사에 제공한 이상, 그들이 당신의 SNS를 볼 수도 있고 그것은 당신에 대한 인상 중 하나라는 것을 잊지 않길 바란다.

지금 당장 당신의 SNS를 점검하라

면접 이미지 메이킹을 진행하면서 수강생들에게 SNS를 점검하라는 이야기를 하면 "저는 인스타그램 비공개로 해놔서 괜찮아요." "카카오톡 멀티 프로필로 해놔서 괜찮아요."라고 대답하는 경우가 많다. 그런데 당신이 아무리 철저하다고 해도 우리는 자의든 타의든 온라인에 흔적을 남길 확률이 높다. 예를 들면 본인의 계정은 비공개로 해 놨지만 지인이 당신의 사진을 올려 태그를 건다든가 하는 식이다.

특히나 20대들은 현정 씨의 경우처럼 불타는 연애의 현장을 SNS의 프로필에 그대로 노출하기도 한다. 생각이 많아 보이는 글귀를 남기며 우울한 기분을 드러내기도 하고 말이다.

가장 안타까운 케이스는 재취업을 하고 싶은, 아기엄마들이다. 나도 그랬지만 자녀가 생긴 순간부터 우리는 '○○맘'이 된다. 그리고 출산과 육아로 초라하게 변한 나의 모습 대신, 아이의 사진으로 SNS를 채운다. 그런데 만약 당신이 재취업을 원하는 육아맘이라면, SNS 프로필에서 자녀의 사진은 내리도록 하자. 회사는 업무를 잘하고 일에 지장 없도록 하는 것을 원한다. 그런데 아이 사진으로 가득한 SNS 프로필 사진을 보면, 왠지 일보다는 육아를 해야 할 것 같고 아이 중심으로 살 것 같다는 인상을 받을 수밖에 없다. 저출산 시대에 이게 무슨 말이냐고 생각할 수도 있다. 그러나 회사는 일을 하는 곳이다. 그런 곳에서 당신의 아이가 얼마나 귀여운지는 전혀 고려되지 않는다는 점을 잊지 말자.

한 회사의 인사담당자는 나에게 이렇게 말하기도 했

다.

"요즘 애들 참 똑똑해. 그래서 면접은 기깔나게 준비해서 오거든? 그럼 걔가 정말 어떤 애인지도 모르고 합격시키는데, 나는 SNS를 꼭 확인해. 그 속에는 진짜 그 사람의 생활상이 보이거든."

'그런 꼰대 같은 마인드를 가진 사람들이 많은 회사라면 차라리 안 다닐래'라고 말하고 싶을 수도 있을 것이다. 하지만 애석하게도 취업을 원하는 사람은 많고, 자리는 충분하지 않다. 목마른 사람이 우물을 파는 것이다. 당신이 아직 취업을 하지 못했고 취업을 간절히 원하는 사람이라면, 지원서를 내기 전에 당신의 SNS를 점검하라. SNS 속 프로필 사진이 당신의 비공식 명함이 될 테니까.

반드시 합격하는 면접의 비밀

5년째 행정공무원 시험에 응시하고 있는 민준 씨. 그는 안타깝게도 매번 최종 면접에서 떨어졌다. 이번에도 불합격이면 시험을 포기하려 한다. 학창 시절부터 공부라면 자신 있던 그는 실제로 SKY대학 중 한 곳의 졸업생이기도 하다. 민준 씨가 살면서 시험에서 만족스러운 결과를 얻지 못한 것은 이번이 처음이라고. 스터디원들 사이에서 항상 에이스로 꼽히며 발표도 잘하는 민준 씨였다. 필기시험도 잘 보고 실력도 있는 그에게 부족한 점이 무엇이기에 자꾸 최종 면접에서 떨어지는 걸까?

면접 준비를 하면서 스터디를 하는 경우가 많다. 면접 스터디는 함께 면접 과정을 연습하며 준비하는 것을 말한다. 스터디를 하다 보면 단연 돋보이는 멤버가 있는데 말을 똑 부러지게 잘하고 준비성이 철저해 보이는 민준 씨 같은 친구들이다. 경쟁률이 1:2가 채 되지 않는 행정공무원 최종 면접이라면 스터디원들 사이에서는 철저한 그의 합격이 당연시된다. 그런데 최종 합격자들을 보면 스터디에서 날고 기던 그 멤버는 온데간데없고, 면접 때 말도 제대로 다 하지 못했다면서도 그저 해맑아 보이는 다른 멤버가 합격하는 경우가 있다. 당신이 민준 씨라면 왜 나보다 외모도 실력도 모자라 보이는 저 애는 붙고, 나는 떨어지는 건지 이해를 할 수 없을 것이다. 도대체 합격의 기준은 무엇일까?

회사마다 원하는 인재상은 천차만별이지만 공통적으로 선호하는 유형은 존재하기 마련이다.

면접은 신뢰싸움이다

나는 이 책을 통해 외모력은 내면과 외모와 태도의 결합으로 나오는 아우라라고 했다. 그중에서도 면접은 다른 분야에 비해 유난히 시각적인 부분(외모와 보디랭귀지)이 강조된다. 처음 만나는 사람이기 때문에 가장 먼저 시각적 정보가 눈에 띄기 때문이다. 면접에서는 당신이 믿을 만한 사람인가를 증명하는 것이 무엇보다 중요하다는 것을 미리 강조한다. 그래서 눈에 보이는 부분을 통해 면접관이 당신에게 신뢰를 느낄 수 있도록 하는 부분이 급선무다. 이제부터 나와 함께 반드시 합격하는 '면접 외모력'을 만들어 보자.

합격의 비밀 1: 면접관을 대하는 마음가짐(내면)

최종 면접을 준비하는 수험생들에게 항상 질문하는 부분이 있다.

"면접관은 여러분에게 호의적인 사람일까요? 아닐까요?"

이 질문에 절반 이상이 "적대적인 사람이죠.""저를 떨어뜨리려고 안달 난 사람이잖아요.""압박질문으로 힘들게 하려는 사람이죠." 등 악의적인 사람까지는 아니지만 호의적인 사람은 결코 아니라는 식의 답을 한다. 이 글을 읽고 있는 당신도 그렇게 생각하고 있다면 당신은 합격하지 못할 확률이 높다. 그러니 당장 당신의 생각을 바꿔라. 면접관은 당신에게 호의적인 사람이라고!

나는 일을 하면서 면접관이 될 때도 있고, 인사담당자들을 만날 기회도 많다. 면접 시즌이 되면 그들이 하나같이 하는 이야기가 있다. "이번에는 어떤 사람들이 올지 너무 기대된다."는 이야기다. 그렇다. 면접관은 누굴 만나게 될지, 이번에는 어떤 친구들이 우리 회사에 올지, 같이 일하게 될 사람이 누구인지 기대하며 좋은 마음으로 당신을 기다리고 있다. 그런데 당신이 면접관을 적대적인 사람이라고 생각한다면? 결과는 불 보듯 뻔하다. 그러니 당신도 자신을 좋아하는 사람을 만나러 갈 때의 편안한 마음으로 면접에 임하길 바란다. 실제로 면접관이 그런 마음을 갖고 있는가의 여부는 중요치 않다. 그저 당신은 면접관이 자신에게 호의적인 마음을 갖고 있다고 믿기만 하면 된다. 왜냐하면 나에게 긍정적인 사람과는 좀 더 편안한 소통을 할 수 있기 때문이다.

추가로 당신이 면접관을 호의적으로 생각해야 하는 이유를 알려 주겠다. 면접관은 당신이 가고 싶은 회사에 이미 입사한 사람이다. 그 말인즉슨 당신이 하고자 하는 일의 잠재적 롤모델이라는 뜻이다. 당신이 원하는 곳에서 원하는 일을 하는 사람이 존경스럽지 않은가? 인생의 스승님을 대하듯 면접관을 대해 보자. 그리고 나에게 회사에 들어갈 수 있는 기회를 주는 면접관에게 감사의 마음을 갖자. 존경과 감사의 마음이 갖춰지면 호의적인 태도는 따라올 수밖에 없다. 그리고 그 마음은 면접장에서 고스란히 면접관에게 느껴질 것이다. 면접관은 똑똑하고 철저한 대단한 사람이 아니라, 함께 일할 동료를 찾고 있다는 것을 잊지 말자.

합격의 비밀 2: 면접 프리패스상이 되는 법(외모)

호감형 얼굴에, 깔끔한 옷차림, 표준체중, 훤칠한 키, 신뢰감 있는 목소리….

이 모든 것을 갖추면 참 좋겠지만 과연 그런 사람이 얼마나 될까? 이런 조건이 모두 갖춰지지는 않았지만 호감가는 이미지로 면접에 합격하는 사람들이 있다. 그들에게는 공통점이 있다.

첫째로는 눈이 시원한 사람이다. 눈이 시원하다는 것은 눈으로 소통을 잘한다는 뜻이다. 면접 준비를 하다 보면 눈 맞춤을 힘들어하는 사람들이 많다. 그렇다면 아쉽게도 면접에서 좋은 결과를 기대하기는 힘들다. 면접에서 가장 중요한 요소는 '믿을 수 있는 사람인가'인데, 눈을 마주치지 못하는 사람에게서 신뢰감을 느끼기는 어렵기 때문이다. 사람은 눈을 통해 많은 정보를 얻는다. 면접이라는 짧은 시간 동안 당신의 진심을 보이기에 눈만큼 중요한 요소도 없다. 그러니 제발 '떨리면 눈 대신 미간을 쳐다봐라, 눈부터 입까지 선을 그어 삼각형 안쪽을 바라봐라, 코를 봐라' 등 이상한 소리를 믿고 따라 하지 마라. 눈을 보고 있지 않다는 것은 본능적으로 느낄 수 있는 부분이기 때문이다. 눈 맞춤을 연습하면 당신의 면접 성공률은 수직 상승할 것이다. 가까운 사람들과 수시로 눈을 보며 대화하라. 그러다 보면 자연스럽게 눈 맞춤 능력이 향상될 것이다.

호감 가는 이미지로 면접에 합격하는 사람들의 두 번째 공통점은, 깔끔한 복장과 단정한 모습을 유지하는 것이다. 한 사람의 겉모습에는 그 사람의 생활습관이 드러난다. 짧은 면접 시간 동안 면접관들은 일부러 파악하려 하지 않아도 당신의 차림새에서 당신에 대한 정보를 얻게 된다. 피부, 손톱, 머리카락에서는 위생개념을 알 수 있고, 면접 의상의 다림질 여부와 구두 굽의 닳은 정도에서 평소의 태도를 알 수 있다. 그러므로 면접에 참석할 때는 청결한 개인위생을 유지하고, 잘 관리된 의상과 신발을 선택하자.

합격의 비밀 3: 면접 상황에 오롯이 집중(태도)

좋은 이미지로 면접에 합격하는 사람들의 또 다른 공통점은, 면접관과 대화를 한다는 것이다. 앞서도 이야기했지만 면접관은 여러분의 적이 아니다. 적대적인 마음으로 논쟁을 펼치지 말고 대화를 해라. 내가 이런 말을 하면 이렇게 평가하겠지라는 생각을 버려라. 그저 당신이 준비한 대로 당신의 의견을 전달하면 그뿐이다. 합격 이후의 관계는 면접단계부터 시작되는 것이다. 대화하듯 하라.

마지막으로, 그들은 언제나 자신이 면접의 주인공이라는 것을 잊지 않았다. 면접도 하나의 작품이고 그 안의 주인공이 나라고 생각하라. 잘난 척을 하라는 이야기가 아니다. 다만 이 면접이 당신을 위주로 돌아간다는 것을 잊지 말라는 것이다. 면접관의 비위를 어떻게 맞출까 고민할 시간에 면접에서 논의될 주제에 대한 준비에 집중하라. 인풋이 없으면 아웃풋도 없는 법이다. 당신이 가지지 않은 걸 끌어낼 수는 없다. 특히나 면접처럼 긴장감이 높은 경우에는 더더욱 말이다. 가수 박진영 씨의 말처럼 무대에 올라가기 전에는 열심히 연습하고, 무대에 올라가서는 그저 즐겨라. 면접에서는 당신이 무대의 주인공이니까.

> **합격을 부르는 면접 준비 꿀팁**
> 사람은 비슷한 사람을 편안하게 느낀다. 그렇기 때문에 면접을 볼 때도 우리 회사에 다니는 사람들과 비슷한 사람을 뽑고 싶어 한다.(크리에이티브한 분야는 제외)
> 당신이 들어가고 싶은 회사가 있다면, 면접을 보기 전 회사 앞

에서 그 회사에 다니는 사람들의 모습을 살펴보아라. 어떤 옷을 입는지, 어떤 말을 하는지 등 그 사람들의 모습을 보면 당신이 어떤 콘셉트를 잡고 그 회사의 면접을 준비해야 하는지 느낌이 올 것이다.

당신도 비슷한 모습을 하고 그 회사를 다니는 모습을 상상하며 면접을 준비한다면, 승리의 여신이 당신 편에 설 것이다.

호감 가는 말하기도 외모력이다

"안녕하세요" 한마디로 신뢰감이 결정된다

목소리로 기억되는 사람들이 있다. 예를 들어 이병헌, 한석규, 이금희, 전도연 씨 같은 사람들이다. 그들의 목소리를 들어 본 사람이라면, 갑자기 그 목소리를 듣게 되어도 누군지 바로 알아볼 수 있을 것이다. 목소리뿐만 아니라 말하는 방식과 속도도 각자 다르다.

스코틀랜드의 글래스고대학교와 미국 프린스턴대학교의 심리학자들의 연구에 의하면 "안녕하세요" 한마디만으로도 대부분의 사람들이 상대방의 성격에 대해 판단을 내릴 수 있다고 한다. 이는 인사할 때 들리는 목소리가 상대방의 첫인상을 즉각적으로 결정한다는 것을 의미한다. 사람의 마음이 시각적 요소에 관계없이 매우 신속하게 첫인상을 결정할 수 있다는 것은, 목소리라는 것이 외적 매력 형성에 중요한 부분이라는 점을 시사한다.

호감을 얻는 말하기 1: 말하는 속도 맞추기

사람들은 자기와 비슷한 사람을 선호한다고 했다. 그것은 말투에서도 마찬가지인데, 그중에서도 '속도감'이 중요하다.

사람은 말의 속도가 자신과 비슷한 사람과의 대화를 편안하게 느낀다. 그래서 어떻게 말을 해야 할지 모르겠다면 일단 속도부터 맞춰 보자. 말하는 속도에는 성격적 특성이 드러나게 마련이다.

말하는 속도가 당신보다 빠른 사람은 성격이 더 급한 것이다. 그런 사람에게는 일단 결론부터 이야기하자. 당신이 이해를 돕는다는 취지로 이것저것 설명을 늘어놓는다면 그 사람은 당신을 답답하게 느낄 것이기 때문이다.

또한 말하는 속도가 당신보다 느린 사람은 성격이 차분할 확률이 높다. 이런 사람에게는 차근차근 호응해 주며 이야기하는 것이 상대의 호감을 사는 비법이다.

호감을 얻는 말하기 2: 상황에 맞는 말투를 쓰기

나는 매년 승진자 과정의 면접을 준비하는 컨설팅을 하는데, 안타까운 경우를 자주 본다. 그것은 그 사람의 직급에 맞는 말투가 갖춰져 있지 않을 때 온다. 예를 들면 여성들의 경우 유리천장 때문에 진급을 못 한다고 생각하는 경우가 있는데, 실제로 그런 회사도 있지만 그 사람의 말투가 해당 직위에 맞지 않다고 여겨져서 승진 과정에서 탈락하는 경우도 꽤 많다. 그러나 그 사실을 본인만 모를 뿐이다. 그래서 가장 좋은 방법은 주변 사람들에게 자신의 말투와 목소리에 대해 진지하게 물어보는 것이 좋다. 회사는 친한 언니나 귀여운 동생을 원하지 않는다. 그 직급에 맞는 언어를 구사하는 리더를 원하는 것이다. 그러니 인정받고 싶다면, 먼저 자신의 말투를 점검해 보자.

만약 소개팅을 하는 자리인데, 당신의 직업이 아나운서라고 해서 뉴스처럼 정형화된 스타일로 말을 한다면 상대가 당신에게 가까이 다가갈 수 있을까? 잘 생각해 보자. 사람은 자신을 편안하게 해 주는 사람에게 호감을 느낀다. 상황에 맞는 말투가 편안함을 준다는 것을 기억하자.

호감을 얻는 말하기 3: 나만의 매력적인 목소리 찾기

좋은 목소리를 위해서는 자신에게 맞는 톤을 찾아야 한다. 예를 들면 본연의 목소리 톤은 높은데 억지로 낮게 내려고 오랜 기간 노력했을 때 성대가 손상되는 경우가 많다고 한다. 목소리가 중요한 직업군(아나운서, 강사, 가수 등)이라면 자신에게 적합한 목소리 톤을 찾기 위해 성대 전문병원에 방문해 보는 것도 추천한다.

나의 목소리는 어렸을 적부터 허스키했고, 그것은 성인기까지 지속되었다. 오랜 시간 강의를 하면서 목소리는 점점 더 둔탁해지며 결국 대화도 어려운 지경에 이르렀다. 그래서 찾게 된 성대 전문병원에서 생각지도 못한 이야기를 듣게 되었다. 내 성대에 혹이 있는데 아주 오래된 혹이라는 것이다. 어린 시절에 생긴 것으로 보인다고 했다. 나는 허스키한 목소리를 타고난 사람이 아니었다.

성대의 혹 때문에 허스키하게 느껴진 것일 뿐. 성대 혹 제거 수술을 하고 난 내 목소리는 허스키라고는 찾아볼 수 없는 맑은 소리가 난다.

어릴 적 나에게 어떤 일이 있었길래 성대에 혹이 생겼을까 생각해 보면 떠오르는 부분이 있다. 그때의 나는 사람들 앞에서 노래하는 것을 즐겼는데, 어린아이가 성인가요를 맛깔나게 부르면 부모님과 동네 사람들이 박수쳐 주는 것이 좋았다. 좀 더 커서는 소몰이 창법이 유행했는데, 그것을 따라 목소리를 긁으며 낮고 굵게 노래를 부르다 보니 성대에 상처가 난 것 같다.

다른 사람의 목소리를 흉내 내는 것도 좋지만 자신이 타고난 음역대로 편안하게 말하는 연습을 해 보자. 그러다 보면 당신만의 매력적인 소리를 찾을 수 있을 것이다.

프레젠테이션에서는 헛소리가 아니라 잘난 척을 해라

사람들 앞에서 발표 좀 잘했으면 소원이 없겠네

직업 특성상 프레젠테이션을 할 일이 잦은 수현 씨. 그는 7년 차 직장인으로, 명문대를 나온 수재였으나 사람들 앞에서 말을 하는 건 언제나 두렵다고 한다. 나름대로 스피치 책도 읽고, 연습도 많이 하고 끊임없이 노력하는데 수현 씨가 발표를 하려고만 하면 시작부터 사람들의 분위기가 좋지 않게 느껴진다고 한다. 원인을 찾지 못한 그는 자신의 외모가 문제라고 단정 지었다. 그런데 그게 과연 외모의 문제였을까?

많은 사람들이 발표 불안증을 겪고 있고, 그로 인해 중요한 발표에서 나쁜 결과를 얻기도 한다. 그렇다면 어떻게 하면 성공적인 프레젠테이션을 할 수 있을까?

  기본적으로 발표가 불안한 데에는 여러 가지가 이유가 있는데, 첫째로는 내용 준비가 제대로 안 되었을 경우다. 자기도 잘 모르는 것을 다른 사람이 이해하기 쉽게 설명하기란 얼마나 어렵겠는가. 둘째로 사람들이 자신을 어떻게 평가할지 모르기 때문에 긴장되는 경우다. '나를 우습게 보면 어쩌지? 좋지 않은 평가를 받으면 어쩌지? 계약이 성사되지 않으면 어쩌지?' 아직 일어나지도 않은 실체 없는 생각에 사로잡혀 꼭 해야 할 말을 못 하는 것이다. 마지막으로 어떻게 해야 발표의 분위기를 좋게 가져갈 수 있는지를 모르는 경우다. 발표란 청중이 있어야 성사되는 것이다. 이제까지 당신이 발표자로서 잘 해내야 한다고만 생각하고 청중과 어떤 관계를 형성해야 하는지 고려하지 않았다면 청중의 힘을 간과하고 있는 것이다. 그렇다면 당신의 발표 불안은 계속될 수밖에 없다.

  10년 이상 강의를 하다 보니 자주 받는 질문이 있다. "강사님, 어떻게 사람들 앞에서 그렇게 떨지 않고 얘기를 할 수 있으세요? 그런 성격으로 타고나야 하나요? 저도 발표 매끄럽게 잘하고 싶은데 방법 좀 알려 주세요."라는 질문이다. 그런 그들에게 항상 해 주는 이야기가 있다. "나보다 이 분야를 잘 아는 사람은 많다. 하지만 내 강의장에 있는(혹은 내 발표를 듣는) 사람 중에는 내가(준비한) 이 부분은 내가 가장 잘 안다, 라는 마음으로 합니다."라고 말이다. 당신이 발표자라면 당신은 그 공간에서 갑甲이 되어야 한다. 갑질을 하라는 것이 아니다. 발표장에서의 '주도권'을 가져와야 한다는 뜻이다. 주도권을 가져오는 가장 쉬운 방법이 바로 갑이 되는 것이다.

헛소리는 그만두고 좋은 기분을 이야기하라

사람은 누구나 자신을 호의적으로 생각하는 사람 앞에서는 당당해지고 반대로 자신을 싫어하거나 믿지 못하는 것 같은 사람 앞에서는 주눅이 든다. 그러므로 당신이 발표를 성공적으로 해내고 싶다면, 우선 청중을 당신 편으로 만들어야 한다.

청중을 당신에게 호의적으로 만들려면 우선 그들의 기

분이 좋아야 한다. 만약 신나는 주말을 보내고 출근하기 싫은 월요일이라고 하자. 기분도 꿀꿀한데, 그런 사람들에게 당신이 무슨 말을 하고 있는지를 봐라. 당신이 무슨 짓을 하고 있는지. 분명히 쓸데없는 말을 하고 있을 것이다. 그리고 시작도 전에 일단 밑밥을 깐다. 실패할 것을 미리 예상하고 안전하게 보험을 들어 두는 것이다. 예를 들자면 이런 것이다. "여러분 앞에 서니 너무 긴장이 되네요."라든가 "오늘 비가 와서 그런지 컨디션이 별로네요. 여러분도 그렇죠?" "제가 감기에 걸려서 약을 먹고 왔거든요. 졸음을 이겨 내느라 발표가 매끄럽지 않아도 이해 부탁드려요."와 같은 헛소리를 한다.

학창 시절 이런 경험이 한 번쯤 있을 것이다. "아 나 어제 깜빡 잠들어서 공부를 하나도 못 했어." 이 말의 속뜻은 무엇일까. 시험 날 아침 친구들 앞에서 울상 지으며 "나 망했어. 어제 깜빡 잠들어서 공부 다 못 했어."라고 한다면? 정말 공부를 하나도 못 한 것일까? 여기서의 키포인트는 바로 '깜빡'과 '다 못 했어'이다. '깜빡'을 통해서 자신이 의도한 것은 아니다, 라는 뉘앙스를 풍기며 '다'

못 했다는 말을 통해서 본인 기준에 완벽하진 않지만 하긴 했다는 말을 하려는 것이다. 거기에 '내가 만약 시험을 공부를 더 했다면 더 좋은 점수가 나올 수도 있다'라는 여지까지 남길 수 있는 자기합리화 방식이다.

그런데 그것은 같은 위치의 사람들끼리 하는 대화다. 프레젠테이션을 듣는 사람들은 친구가 아니다. 당신이 얼마나 유능한지 보여 줘야 하는 사람들이다. 그런 사람들에게 당신이 자기관리도 못 하고 '깜빡' 잠들 뿐만 아니라 이렇게 소중한 회의 준비를 '다 못 하고' 왔다면 누가 당신의 말을 신뢰하겠는가. 실제로는 깜빡 잠든 것도 아니라서 준비도 잘하고 열심히 했지만 심장이 두근거리는 당신은 이렇게 이야기할 것이다. "이렇게 앞에 나오니 참 떨리네요. 어제 야근하느라 잠을 잘 못 자서 몸 상태도 안 좋고, 회의 준비를 잘은 못 했지만 한번 해 보겠습니다." "비도 오고 기분도 꿀꿀한데 발표를 하려니 내키지 않네요." 이렇게 이야기한 경험이 있다면 당신의 프레젠테이션은 십중팔구 망했을 것이다.

학생이라면 과제 발표를, 직장인이라면 업무 관련 프레젠테이션을 해야 할 경우가 있다. 그런데 여기서 이상한 소리를 하는 사람들이 있다. 친밀감을 연출하기 위해서라나 뭐라나. 혹은 떨리는 자신의 마음을 말로 표현하면 좀 나아질까 싶어서 하기도 한다. 나는 이런 경우를 두고 헛소리한다고 한다. 당신은 자신이 발표자라는 사실을 간과하고 있다. 발표자란 누구인가. 당신에게는 듣는 사람이 여러 명일지 몰라도 청중들에게 말하는 사람은 당신 하나뿐이다. 일대 다의 만남은 사실은 일대 다수가 아니라 일대일 대화나 마찬가지라는 뜻이다. 당신은 여러 사람 앞에서 말을 하는 게 떨리겠지만, 듣는 사람의 입장에서는 당신과 개인적으로 대화한다고 느끼기 때문에 긴장할 필요가 없다. 그러므로 당신은 발표라는 것이 일대일 소통이라는 점을 잊지만 않으면 된다.

감정은 전염된다

첫마디에 부정적 감정을 내뱉지 말아라. 감정은 전염되기 때문이다. 위축되어서 부정적인 말을 반복하지 말고 내가 이 부분에 있어서 준비 많이 했다, 자신이 공부하거나 준비한 부분은 앉아서 듣고 있는 사람들보다는 잘 안다는 생각으로 당당하게 하라. 그리고 항상 긍정적인 말로 시작하라. 이런 말이 낯간지럽다면 가볍게 날씨 얘기로 시작해 보는 것도 나쁘지 않다.

"오늘 날씨 참 좋죠? 이런 날씨에 여러분들 앞에 서니 기분이 좋네요." 비가 오는 날이라면 "오늘은 비가 와서 분위기가 아늑하고 참 좋네요."라고 얘기할 수도 있을 것이다.

언제 어디서나 말을 잘하고 싶은가? 유능해 보이고 싶은가? 그렇다면 우선 사람들이 당신의 말을 들을 수밖에 없는 환경을 만들어라. 그것은 긍정의 언어로 시작된다. 지금부터 연습해 보자.

"오늘 날씨 참 좋죠? 여러분과 함께하니 기분이 더 좋네요."

자신의 타이틀에 책임을 져라

당신이 한 분야의 전문가라면, 혹은 전문가가 되고 싶다면 반드시 외모력을 갖춰야 한다. 내면과 외면이 모두 준비되어 있어야 한다는 뜻이다. 내적으로는 '나는 이 분야에서 유능한 사람이다'라는 마인드 세팅이 되어서 사람들로 하여금 그 내공이 '느껴지도록' 하고, 외적으로는 그 일을 해내는 데에 충분한 능력이 있어 '보이는' 모습이어야 한다.

거적때기를 입어도 전문가는 전문가다?
나의 고객 중에 S대 출신의 변호사가 경철 씨가 있다. 그는 자신의 능력이 좋은데 왜 사람들이 일을 맡기지 않는지 모르겠다고 했다. 또한 결혼 정보 회사를 통해 정보가 모두 공개되어 있는 소개팅을 해도 스펙 좋은 자신이 줄줄이 퇴짜 맞는 이유도 잘 모르겠다고 했다.

  누가 봐도 알 만한 이유를 가졌음에도 전혀 모른다고 하니 답답할 노릇이었다. 예를 들어 당신이 법적 문제로 변호사를 선임해야 할 상황에 놓였다고 치자. 가까운 변호사 사무실에 들어갔는데 주머니 달린 카키색 카고바지에 군용 깔깔이 점퍼를 입고 대나무 효자손으로 등을 벅벅 긁고 있는 사람과, 깔끔한 정장을 입고 있는 사람 중에 어떤 사람이 변호사라고 생각하겠는가? 경철 씨의 모습은 전자였다. 전문성이라고는 1도 느껴지지 않는 그저 '아저씨'의 모습 말이다. 나는 그에게 일러 주었다. "눈으로 보기에도 가치가 느껴지는 사람이 되세요."라고 말이다. 누차 말했지만 인간은 보이는 것에 약하다. 특히나 당신이 전문가라면 저 멀리서 당신의 모습이 보일 때부터 전문가로 보이는 것이 중요하다. 당신이 원하는 타이틀이 있는가? 그렇다면 당신의 겉모습을 그에 걸맞게 갖춰라.

겸손은 잠시 넣어 두자

경철 씨의 문제는 겉모습에서 끝나지 않았다. 그는 종갓집 장남답게 '겸손이 미덕이다'라는 말을 진리처럼 여기며 살아왔다. 그래서인지 고객들을 만날 때 겸손한 태도로 임하는 것에 집중한다고 했다. 그런데 이상한 점은 사람들은 친절한 경철 씨의 설명을 끝까지 듣고는 결국 사건을 맡기지는 않는다는 것이었다. 경철 씨는 그 점이 참 답답하다고 했다. "고객에게 겸손하고 친절한데, 왜 사건 수임이 늘지 않는 거죠? 마케팅을 못해서 그런 걸까요? 더 많은 사람들에게 홍보해야 하는 걸까요?" 이렇게 질문하는 경철 씨에게 나는 대답해 주었다. "더 많은 사람이 오더라도 사건 수임은 늘지 않을 겁니다. 왜냐면 당신이 그들에게 신뢰를 주지 못했기 때문이죠."

다음은 경철 씨와 고객의 대화를 첨부한 것이다.

고객	이번에 제가 의뢰하려는 사건이 승소 가능성이 있나요?
경철 씨	아 제가 변호사지만 전부 다 아는 것은 아니에요.

승소한 적도 많지만 패소도 하는 편이라… 그렇지만 최선은 다해 볼게요. 자 여기 커피 한잔 드시면서 마음 편하게 가지세요. 잘 되겠죠 뭐~ 해 봐야 알겠지만요.

고객   아 알겠습니다. 커피까지 챙겨 주시고 참 친절하시네요. 가족들과 상의해 보고 연락드리겠습니다.

(그 후 고객에게서 어떤 연락도 오지 않았다.)

당신이 이 책을 잘 읽고 여기까지 왔다면 고객에게 '호감과 신뢰'를 주어야 한다는 사실을 잘 알고 있을 것이다. 경철 씨는 겸손하고 친절한 모습을 통해 '호감'은 얻을 수 있었을지 몰라도, 사람들이 전문가를 찾는 이유인 '신뢰'를 충족시키지 못했다. 사람들이 전문가를 찾는 이유는 그 부분에 대해 도움을 받고 싶기 때문이다. 그런데 그 분야에서의 자신을 자꾸 낮춘다면? 고객의 입장에서는 불안해서 당신에게 일을 맡길 수가 없을 것이다. 예를 들어 당신이 튼튼한 집을 짓기 위해 건축업자를 찾았다고 치자. 그런데 건축업자가 "집은 지어 봐야 알아요~ 튼

튼한지 장담할 수가 없죠."라고 한다면 당신 역시 그 건축업자에게 일을 맡기지 않을 것이 아닌가?

앞에서도 언급했듯이 프레젠테이션에서는 헛소리하지 말고 잘난 척을 하라고 했다. 전문가야말로 자신의 이름과 직업을 앞에 내걸고 하는 직업이다. 한마디로 자기 스스로가 명함인 셈이다. 전문가의 언행은 자기소개서의 연속이라고 생각하면 된다. 사람들은 처음 만난 당신이 '유능한 사람'이기를 바란다. 그러니 잊지 말자. 고객을 처음 만났다면 당신의 업무 분야에 대해서는 절대로 겸손해선 안 된다. 전문가는 스스로 자기를 높여야 한다. 고객과 당신의 관계는 친구관계가 아니므로 겸손할 필요가 없다.

존경받고 싶다면 자신의 말을 점검하라

공자는 "스스로 자신을 존경하면 다른 사람도 나를 존경할 것이다."라고 말했다. 당신 스스로 자신을 무시하는 발언을 한다면, 아무리 멋진 옷을 입어도 존중받기는 어렵다는 뜻이다. 말에는 당신의 내면이 묻어나게 되고, 그것은 고스란히 외모력에 영향을 끼친다. 그러니 존경받고 싶다면 자신이 어떤 말을 하고 있는지 수시로 점검하라.

얼마나 일을 잘하는지가 중요하지 겉모습이나 태도가 중요한가라고 생각할 수도 있을 것이다. 그러나 당신이 전문직이라면 당신에게 돈을 지불하는 사람들이 당신에게 기대하는 바를 충족시켜야 한다. 그러니 지금부터 당신의 타이틀에 책임을 지고 외모력을 갖춰라. 그리하면 처음 만난 고객에게 호감과 신뢰를 모두 얻을 수 있을 것이다.

에필로그

최상의 외모력을 유지하는 방법

마지막으로 최상의 외모력을 유지하는 법을 소개하겠다.
"Back to the basics."
기본으로 돌아가라. 기본이 없으면 그 이상도 없는 것이다.

잠을 줄여서 얻을 수 있는 것은 없다
  미라클 모닝이 유행하면서 잠을 줄이는 방식으로 삶을 살아가는 사람들이 있다. 학창 시절 사당오락이라고 네 시간만 자야 대학에 합격한다는 이야기가 있을 정도로, 우리나라에서는 무슨 일을 해내려면 잠을 줄여야 한다고 강조해 왔다. 그런데 학자들이 연구해 본 결과, 잠을 줄여서 얻을 수 있는 것은 없다고 한다. 물론 아주 짧은 기간에 일을 해내야 할 때는 어쩔 수 없지만 그 외에는 충분한 수면이 우리의 몸과 마음을 관리하는 데에 큰 도움을 준다는 뜻이다. 미라클 모닝이 잘못되었다는 것이 아니다. 다만 미라클 모닝을 하려면 일찍 잠들고 일찍 일어나라는 것이지 늦게 자고 일찍 일어나기만 하면 된다는 뜻이 아니다.

그 사실을 잊지 말아라. 예로부터 미인은 잠꾸러기라는 얘기가 괜히 나온 것이 아니다. 잠을 잘 자야 피부 상태도 좋고(관상에서 피부가 가장 중요하다) 호르몬 조절도 잘돼서 기분도 좋다. 좋은 기분을 유지해야 내면이 탄탄해진다. 오늘부터 수면 시간도 하루 일과 속에 포함시키자.

마음은 몸이 지배한다

"나는 죽고 싶을 때 그저 나가서 뛰었다."라고 말하는 사람들이 많다. 운동을 통해 병들어 가는 마음을 회복한 사람들의 대부분이 이렇게 얘기한다. 이는 운동과 마음의 상관관계에 관한 여러 연구에서도 증명된 바 있다. 운동을 하면 신경의 흥분을 조절하는 물질의 수치가 높아져 우울, 불안, 스트레스를 완화시키는 데 도움이 된다고 한다. 또한, 행복 호르몬이라고 불리는 신경전달물질 세로토닌의 생성이 촉진됨으로써 마음의 안정과 행복감 형성에도 좋은 영향을 끼친다고 학자들은 말한다. 정신의학과에서도 정신건강을 위해 가장 먼저 추천하는 생활 습관이 바로 운동인 점도 떼 놓을 수 없는 이유다.

'체력은 국력이다'라는 말처럼 외모력을 유지하는 데에도 체력이 뒷받침되어야 한다. 사람은 당신이 생각하는 것보다 몸의 컨디션에 의해 좌지우지되는 경우가 많기 때문이다. 예를 들면 생리 전후 컨디션 변화 같은 것이다. 정신력으로 승리한다고 하지만 그것도 한계가 있다. 내적 변화든 외적 변화든 모든 것은 체력이 받쳐 줘야 가능한 일이다. 지금 당신이 무엇을 시작하기에 어려움을 느낀다면 가볍게 동네 달리기부터 시작해 보면 어떨까? 몸의 발걸음이 마음의 발걸음도 이끌어 줄 것이 분명하니까 말이다.

효율과 낭만의 시대를 살아가는 당신에게

지금까지 외모력이란 무엇이고, 어떻게 하면 최상의 외모력을 가질 수 있는지에 대해 다뤘다. 외모력을 키우는 데에는 적지 않은 시간과 노력이 필요하다. 이 책을 통해 외모 관리에 드는 소중한 마음과 시간, 돈을 효율적으로 활용할 수 있게 되었기를 바란다. 또한 당신의 외모를 가장 매력적으로 연출해서 낭만적인 하루하루를 보내기를 기대한다.

우리는 모두 다르고, 각자 나름의 생김이 있다. 자신을 부정하지 않고 긍정하며 살아갈 때 비로소 생긴 대로 살아가는 기쁨을 누릴 수 있는 것이다.

당신은 당신일 때 가장 빛나고 아름답다는 사실을 잊지 않기를.

인생의 품격을 끌어올리는 세 가지 힘
외모력 수업

1판 1쇄 펴낸날 2025년 9월 19일

지은이 김도은

책만듦이 김미정
책꾸밈이 디자인나울

펴낸곳 채륜 **펴낸이** 서채윤
신고 2007년 6월 25일(제2009-11호)
주소 서울시 광진구 자양로 214, 2층(구의동)
전화 02.465.4650 **팩스** 02.6442.9442
book@chaeryun.com www.chaeryun.com

ⓒ 김도은. 2025
ⓒ 채륜. 2025. published in Korea

책값은 뒤표지에 있습니다.
ISBN 979-11-90131-20-9 03190

잘못된 책은 바꾸어 드립니다.
저작권자와 출판사의 허락 없이 본 책의 전부 또는 일부 내용을 사용할 수 없습니다.
저작권자와 합의하여 인지를 붙이지 않습니다.